利用太阳能跑完 3000km 的超级太阳

# "2013 Tokai Challenger"

〔日〕石原康 摄影　　晶体管技术编辑部 执笔 | 韩伟真 译

只使用太阳能穿越 3000km 澳洲大陆的 "World Solar Challenge"（WSC），每2年举办一届，2015年是举办年。这里介绍的 "2013 Tokai Challenger" 是东海大学挑战中心为在2013年比赛上夺取三连冠而开发的太阳能赛车（遗憾的是最终只获得了亚军），是一款集各种各样的先进技术为一体的超高科技赛车。这里通过照片对其中的部分技术进行介绍。

左 面

右 面

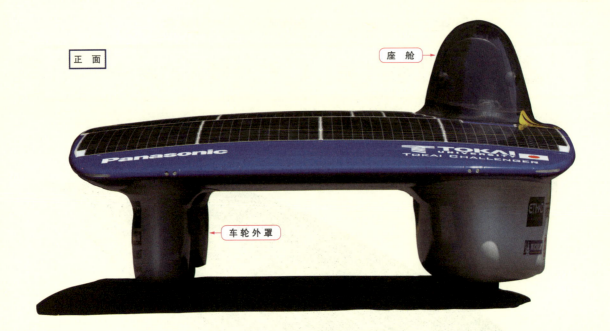

正面

座舱

车轮外罩

比赛用太阳能车的限制为全长4.5m，宽1.8m，太阳能电池板不超过6m²。据木村教授介绍，从2013年开始规定必须使用4轮车，所以座舱设置在哪里成了问题。不单要考虑空气阻力，还要考虑座舱的阴影尽量不要对太阳能电池板产生影响。最终决定把座舱设在左侧。还有，车轮的周边也用与车身成为一体的车轮外罩覆盖。车体外形更是使用热流体分析软件多次仿真，反复修改才定下来的。

东海大学　木村英树教授

**◀车体内部**

取下铺设太阳能板的顶罩后，露出整齐排列的内部结构。车体材料是东丽公司（Toray）生产的碳纤维"东丽卡"，成形加工是由东丽Carbon Magic公司完成的。根据需要，对不同的部位使用了强度和质量有所不同的T700/ T800/ T300材料。

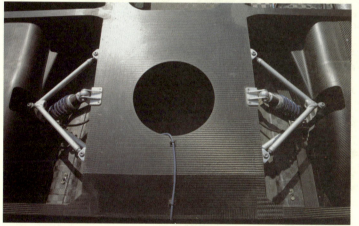

**↑ 前轮悬架**

**左后轮悬架➡**

要行驶3000km，车体悬架是必需的。左后轮是唯一的驱动轮，可以看到各种线束。褐色箱子里是松下锂离子电池NCR18650B，按16并27串配置。

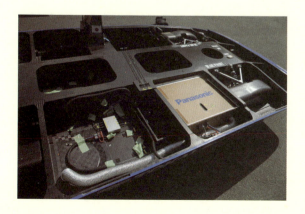

◀银色导管是为了防止火灾时有毒气体进入座舱而设置的。

↓ 车体内部的前方悄悄地摆放着4个护身符。

↑ 座舱前面板，配置着液晶显示屏和开关等多种部件。

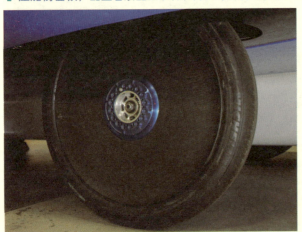

↑ 靠背后面装有车牌"SUN01"，后面还有3根天线。天线不仅用于无线电话，还将车辆的多种信号（速度、油门开度、电机电流和发电电流、电池电流和电压、电池各单元的电压等）发送到控制中心。

↓ 车内仪表与控制装置通过汽车行业使用的CAN（Controller Area Network）总线连接，CAN数据分析与记录采用VECTOR日本公司制造的CANalyzer和GL1000等。

↑ 打开护轮板，即露出轮胎。这里采用的是米其林制造的太阳能车专用16in子午线轮胎。左后轮配置了MITSUBA生产的轮毂型直驱无刷电机。特别准备了特性不同的3种电机，根据赛道的不同进行更换。控制器采用三相PWM控制。

↑ 2011年修改的比赛规则，对转换效率高（价格较贵）的化合物太阳能电池很不利，于是改用硅太阳能电池。这里使用的是与2013年相同的松下公司生产的太阳能模块"HIT"。它采用防反射结构来提高性能，改进了高反射填充剂，转换效率比以前提高0.5%、达到22.5%，而输出功率达到1.35kW。

← 随着光和温度的变化，太阳能电池的电压/电流特性曲线也随之变化。这里采用升压型最大功率点跟踪（MTTP）技术[1]，通过改变电压来维持输出功率（电压×电流）始终为最大。

↓ 在东海大学挑战中心正门口，摆放着"Tokai Challenger"获得的奖杯。2015年（10月）的比赛会有什么样的赛车登场呢？

---

① 最大功率点跟踪功能由产总研、小山高专、三岛木电子三者共同开发。

↑ 工学院大学队 "Practice"

↑ 在隐谷赛道预选赛上漂移的 "Tokai Challenger"

↑ 金泽工业大学队 "KIT Golden Eagle 5"

↑ 使用了 RX62T 的 EV 卡丁车

↑ Nuon Team "Nuna7"（荷兰）

↑ 密歇根大学 "Generatio"（美国）

↑ 东海大学 "2013 Tokai Challenger"

↑ Solar Team Twente "The RED Engine"（荷兰）

↑ Stanford Solar Car Project "LUMINAS"（美国）

↑ "Team Allow"（澳大利亚）

↑ 多伦多大学 "Blue Sky Racing"（加拿大）

↑ "Onda"（意大利）

↑ Punch Powertrain Solar Team（比利时）

# 电动汽车 第1辑

〔日〕晶体管技术编辑部 编

EV编辑部 译

科学出版社

北京

图字：01–2017–3339号

## 内 容 简 介

本书是《电动汽车》技术专辑的第1辑，基于EV比赛目的，讲解电机原理、特性与制作。进而，针对不同的比赛规则和赛道情况，介绍参赛策略和经验，包括电机调试、改良设计、测试工具制作等。另外，还详细报道了典型EV比赛的实况，以及比赛中凸显的技术特点和发展趋势。

本书可用于本科、高职高专院校的电机、电子、汽车相关专业的教学，可用于电动车行业的入职培训，也可作为创客、创新比赛的参考书。

**图书在版编目（CIP）数据**

电动汽车. 第1辑/(日)晶体管技术编辑部编；EV编辑部译.—北京：科学出版社，2018.1

ISBN 978-7-03-054803-0

Ⅰ.电… Ⅱ.①晶… ②E… Ⅲ.电动汽车–研究 Ⅳ.U469.72

中国版本图书馆CIP数据核字（2017）第247653号

责任编辑:喻永光 杨 凯 / 责任制作:魏 谨
责任印制:张克忠 / 封面设计:MATHRAX 稚梓

**北京东方科龙图文有限公司** 制作

http://www.okbook.com.cn

**科 学 出 版 社** 出版
北京东黄城根北街16号
邮政编码：100717
http://www.sciencep.com

**三河市骏杰印刷有限公司** 印刷
科学出版社发行 各地新华书店经销

\*

2018年1月第 一 版 开本：787×1092 1/16
2018年1月第一次印刷 印张：9
字数：270 000

**定价：48.00元**
（如有印装质量问题，我社负责调换）

# "用心造物"的召唤：
## 绕制电机[①]，制作EV，冲向赛场！

〔日〕木村英树 执笔 ｜ 赵智敏 译

### 从发动机时代迈向电机时代

21世纪有望成为电动汽车（EV）时代。多少年来，汽油发动机和柴油发动机这两种内燃机一直是汽车的主要动力源。工业革命以来，利用化石燃料和大气中的氧气，发动机能够输出巨大的动力，人类的生产效率获得了飞速提高。而且，大量的人和物能够流动起来，我们的生活变得丰富多彩。

然而，随着世界人口的爆发式增长，加之发展中国家的汽车保有量迅速增长，结果是地球温室效应、石油资源枯竭等问题日益严重，不得不引起人们的深切关注。

在这样的时代背景下，能源利用效率占优的EV逐步走向实用化、普及化。EV是以电机驱动的汽车，有电池电动汽车（BEV）、油电混合动力汽车（HEV）、燃料电池汽车等。现在的电机可以将电能的90%以上（有些甚至超过95%）转换为动力，能源利用效率是发动机的2倍以上。这是电机可以炫耀的优势。

另外，电机还不需要空转（怠速），从静止状态就可以输出很大的转矩；也不需要传递动力的离合器，起动变得非常简单。

还有，电机和发电机本就具有相同的结构，只要改变使用工况，就可以将汽车在行驶时的动能转换为电能，提取出来。

这种由再生制动产生的能量可以存储到电池里，在以后的加速中再利用。再生制动功能是EV的一大优势，这个功能对发动机而言，是无论如何也实现不了的。

**东海大学挑战中心"2009 Tokai Challenger"**
为参加因穿越 3000km 澳洲大陆而闻名的 World Solar Challenge[②]（时称 Global Green Challenge）开发，采用夏普高性能太阳能电池，首次夺冠

---

① 本书内容提及的"电机"皆指"电动机"。
② 世界太阳能车挑战赛：World Solar Challenge，WSC。

**东海大学挑战中心 "2011 Tokai Challenger"**
为参加 World Solar Challenge 2011 而开发，为适应比赛规则的改变，采用了松下太阳能电池，并获得
两连冠

## 学习电机技术和电子技术

　　EV 中应用了电机、逆变器、电池等多项与电气相关联的技术。

　　不过，这些技术里包含的电压和电流、永磁体和电磁铁的磁力线，是摸不着、看不见的东西，有一种很难理解的感觉。还有那些伟大的科学家发现的欧姆定律、左手定则、法拉第电磁感应定律、焦耳定律等，都与电机的性质有紧密的联系，很多人会觉得很难。

　　实际上，这些定律就是把电流和磁场之间的性质联系起来的单纯规律。对于这些专业术语，如果能够正确地理解它们的含义，那么几乎所有的现象都可以用算术水平的知识说明，这并不是多么难的事情吧？本书将通过图片等对 EV 及零部件做简单易懂的说明。

　　为了能够自由自在地操控 EV，要有能够控制电机电流的逆变器（电机控制器）。EV 主要使用三相交流逆变器，它把电池的直流电转换成使电机旋转的交流电。这是以晶体管技术为基础的电力电子学的典型应用。从家电产品到新干线，电力电子技术被广泛应用。电力电子技术也是实现节能的关键技术，是当今不可或缺的技术。

　　掌握不同电机的工作原理，并动手制作，让它实际运行，这是一件非常愉快的事情。最近，自己制作电动汽车的人数在不断增加，从所谓的"节能行驶"（Econo Move）的小型 EV，到把市售汽车的发动机和油箱换成电机和电池的改装 EV 等，各种各样的电动汽车陆续登场。

**东海大学挑战中心 "INAZUMA Ⅱ"**
2015 年 5 月，在秋田县大潟村的专用赛道举办的 2015 World Econo Move
Light 上夺冠

**2015 World Econo Move Light 比赛开始时的情景**

## 绕制电机，制作EV，参加比赛！

"从零开始制作EV？这是不可能的！"很多人会有这样的疑虑。CQ出版社为这些人推出了"CQ无刷电机和逆变器套件"，相关报道和书籍也一应俱全。以前较难找到的最新电机技术资料，现在连高中生和大学生也能轻而易举地找到了。电机中的线圈，怎样绕制好呢？最初也许会感到困惑，但经过几次实践就可以学会。

我们还准备了"CQ EV卡丁车套件"，在车体上组装电机，体验实际驾驶的乐趣，这样的时代已经到来。与汽车厂商生产的EV不同，EV卡丁车和无刷电机等都很简单，工艺也比较粗糙，但还是能够直接体验到电机的特性。

最近，驾驶EV卡丁车的机会多了起来，作为卡丁车爱好者的信息交流场所，"Econo Move Light"[①]节能EV比赛在日本秋田县大潟村"Solar Sports Line"赛道和千叶县"Sodegaura Forest Raceway"举办，并正在扩大影响。

希望读者通过本系列书，深入理解各种电机及驱动方面的电子技术知识，进一步做出自己独具特色的EV，最后来到赛场一较高下。

**东海大学挑战中心"2013 Tokai Challenger"**
为参加 World Solar Challenge 2013 而开发的赛车。为适应比赛规则的改变，从3轮变成4轮，结果很可惜，只获得第2名

笔者介绍　　　　　　　　　**木村英树**

东海大学
工学部电气电子工学
教授

东海大学挑战中心
所长

---

① Econo Move Light 是基于 World Econo Move（WEM）理念，并作为其初级赛事而设立的 EV 卡丁车比赛。——译者注

# 目　录

## 冠军和亚军之间的技术差距究竟在哪？

### ——从 3000km 太阳能车比赛 "WSC" 中看电子技术和汽车技术的应用

〔日〕下迫正博 执笔 | 赵智敏 译 罗力铭 校

以太阳能为动力源，穿越 3000km 澳洲大陆的太阳能车比赛，每两年在澳大利亚举行一次。2015 年 10 月举行第 13 届比赛。在 2009 年、2011 年两届大赛上取得两连冠的日本东海大学队，能否继续在 2013 年的第 12 届比赛上夺冠，实现三连冠，成为人们关注的焦点（照片 1）。比赛中有多方面的较量，技术上也很有趣。笔者每次都去现场采访，现将 2013 年赛况予以报告。

（编者按）

## 什么是 WSC？

### ● 迎来了开赛第 18 年的大陆穿越太阳能车挑战赛

具有 18 年历史的"世界太阳能车挑战赛"（World Solar Challenge，WSC），是使用自创的太阳能车，仅以太阳能为动力源，穿越澳洲大陆的比赛。具体情况是，从澳大利亚的北部城市达尔文市出发，到达南澳大利亚州的首府阿德莱德，全部赛程为 3000km（以斯图尔特高速公路为主），最先到达者获得冠军（图 1）。

澳洲大陆虽然有很多沙漠，但也不是每天都天气晴朗，也有阴天和雨天。像这样，天气变化也是会影响太阳能车的。但不管怎样，参赛的太阳能车只能以太阳能转换而来的电能为动力源，向着终点行进。第一阵营大约需要 5 天才能到达终点。

该大赛是由冒险家 Hans Tholstrup 提倡创办的。1987 年举行第 1 届比赛，每 3 年举行一次，1999 年后改为每 2 年举行一次，到了 2015 年（10 月 18 日 ~ 25 日）已经是第 13 届了。

### ● 真正的团队比赛

参加 WSC 比赛的太阳能车，除了安装有将太阳能转化为电能的太阳能电池，还安装了用来存储从太阳能转换而来的电能的蓄电池（二次电池）。太阳能车是由电机驱动行驶的。虽说是电动汽车，但为了最有效地利用能量密度较低的太阳能，不仅要在电子技术上下功夫，还要最大限度地对车身进行轻量化设计，以及减小空气阻力。因此，通常做成与普通汽车不同的特殊形状。因为赛程较长，参考其他队的行驶状况，并根据天气预报来计划太阳能车的行驶也是非常重要的。

例如，今后几天是有利于发电的持续晴天，就可以多使用电能，提高速度，快速行驶；如果是不利于发电的阴天或雨天，就要降低速度，合理使用电池的余量，以便在不发电的情况下也能够持续行驶。也就是说，电能的综合管理非常重要。不管怎样，这也是总行程为 3000km 的超长距离比赛，平均能量利用效率 0.1% 的差别，也会导致 3km 的差距。当然，不仅是效率问题，还存在速度等其他因素。

图 1 从澳大利亚的达尔文到阿德莱德的赛道
黄色点是控制停车点

起 点（达尔文）

3000km

终 点（阿德莱德）

1000km

照片 1 即将从达尔文市出发的 "Tokai Challenger"

参赛的太阳能车（几乎所有的）都是由1人驾驶。比赛在普通公路上进行，在太阳能车的前后有同队其他成员和监视比赛情况的观察员同乘的服务车同行。服务车上装有警示灯，并贴有提醒注意的警示标志，以提醒周围的普通汽车注意。服务车会根据道路和天气的情况为太阳能车提供行驶指示，同时也要处理太阳能车出现的故障等。

### ● 因为是在普通公路上举行的比赛……

因为是在普通公路上举行的比赛，社会车辆没有限行，正常行驶。当然，太阳能车驾驶员必须持有汽车驾驶执照，并遵守当地的道路交通法规。最高速度是由各州法律决定的，北部的北领地限速130km/h，南部的南澳大利亚州限速110km/h。有些小城镇①会限速50km/h左右。像这样在公路上举行赛车比赛，在日本几乎是不可能实现的。如果太阳能车也能像普通汽车那样在城市里到处穿行，能看到这样的景致也是一种奇妙的享受吧。

规定的比赛时间为上午8点到下午5点。下午5点左右结束当日的行驶，就近休息，并进行充电、车辆修整等工作。第2天的8点过后，就地开始继续行驶。如果运气好，下午5点左右正好经过的是一个小城镇附近；否则，整个赛程都得在野外露营（几乎全是沙漠地带）。比赛时段结束之后到日落，以及清晨到出发前（8点）的时间，都可以通过赛车上安装的太阳能板给电池充电。3000km赛程上设有9个控制停车点，根据比赛规则，在每个停车点必须休息30min。

### ● 最近，来自大学的参赛队增加了

比赛开办的前几年（20世纪90年代），GM、本田、丰田等汽车厂商和HOKUSAN（现改名为AIR WATER INC.）、京瓷等太阳能电池厂商的代表队也参加了比赛。之后，来自大学的参赛队（大学代表队）渐渐地成为主流。2001年以后，夺冠的

也是大学队了。但是，比赛是先进技术的竞争，在技术和资金层面，缺少了赞助企业的支持与协助也不行的。

为了赢得胜利，要开发出符合空气动力学要求的车身、最优的发电方式、符合天气变化的能源管理，从资金的筹集到寻求赞助，包括这些内容在内的与开发、运营相关的团队协作和运营管理等能力是不可或缺的。这也是将其称为"烧脑比赛"的原因。

下面介绍2013年第12届WSC。这届比赛的看点就是，在第11届、第12届比赛中夺冠的东海大学队能否实现三连冠（见表1）。

## 2013 年 WSC 概述

### ● 大赛分为 3 个级别

从2013年起，WSC比赛分为以下3个级别。

（1）挑战者级

挑战者级是最为核心的比赛类型，是以从太阳能转换而来的能源为动力的竞速赛。挑战者级参赛车型为单座设计的太阳能车（照片2）。从2013年开始，比赛规定赛车必须是4轮车（此前多使用车轮行驶阻力、空气阻力较小的3轮车）。这是因为，要考虑以100km/h的速度在公路上行驶时的安全性。

（2）巡航者级

这是2013年首次设置的比赛类型，目的是使车型更接近普通汽车。比赛途中，允许通过民用电源充电，巡航者级参赛车型为两座设计的太阳能车（照片3）。

（3）冒险者级

按照往届比赛规则制作的太阳能车也可以参赛的类型（照片4）。每届比赛都会对比赛规则做大幅修改，并不是所有参赛队每次都能开发出新的车辆，作为一个补救措施，2007年首次设置了这个类型的比赛。

照片2 挑战者级
东海大学 "Tokai Challenger"

照片3 巡航者级
Soler Team Evolution "STELLA"

照片4 冒险者级
神奈川工科大学 "SIKIT Ⅱ"

---

① 实际上就是一个有加油站和汽车旅馆，或者几户人家的聚落。每户人家都相隔几十公里。

表1　WSC 历届冠军团队

| 年份 | 冠军太阳能车 | 团 队 | 国 籍 | 用 时 / (h : m) | 平均速度 / (km/h) |
|---|---|---|---|---|---|
| 1987 | Sunraycer | GM/Aero Viroment/Hughes Aircraft | 美 国 | 44 : 54 | 66.9 |
| 1990 | Spirit of Biel | Biel School of Engineering and Architecture | 瑞 士 | 46 : 08 | 65.2 |
| 1993 | Honda Dream | 本田技研 | 日 本 | 35 : 28 | 85 |
| 1996 | Honda Dream | 本田技研 | 日 本 | 33 : 53 | 89.8 |
| 1999 | Aurora 101 | Aurora Vehicle Association | 澳大利亚 | 41 : 06 | 73 |
| 2001 | Nuna 1 | Nuon Solar Team (Delft University of Technology) | 荷 兰 | 32 : 39 | 91.8 |
| 2003 | Nuna 2 | Nuon Solar Team (Delft University of Technology) | 荷 兰 | 31 : 05 | 97.02 |
| 2005 | Nuna 3 | Nuon Solar Team (Delft University of Technology) | 荷 兰 | 29 : 11 | 102.8 |
| 2007 | Nuna 4 | Nuon Solar Team (Delft University of Technology) | 荷 兰 | 33 : 00 | 90.87 |
| 2009 | 2009 Tokai Challenger | 东海大学挑战中心 | 日 本 | 29 : 49 | 100.54 |
| 2011 | 2011 Tokai Challenger | 东海大学挑战中心 | 日 本 | 32 : 45 | 91.54 |
| 2013 | Nuna 7 | Nuon Solar Team (Delft University of Technology) | 荷 兰 | 33 : 03 | 90.71 |

照片5　2009年"Tokai Challenger"

照片6　2011年"Tokai Challenger"

照片7　2013年"Tokai Challenger"

● **不断变化的比赛规则**

　　比赛的主要类型——挑战者级历届冠军见表1。随着太阳能车的性能提高,平均时速超过100km时,就接近公路的限制时速了。这样比赛就无法进行了。为了保证比赛的顺利进行,也考虑到安全,在此之后举办的各届比赛,它们的规则都进行了大幅地调整。例如,2007年比赛之后,每届比赛都进行了比赛规则的修改。

　　(1)2007年比赛

　　在上一届的比赛中,夺冠的 Nuon Solar Team 队"Nuna3"的平均时速已经超过100km。为了限制车速,允许安装的太阳能电池板的面积由原来的8m² 改为6m²。同时,还对车手的坐姿、座椅角度等也进行了规定。以前为了减小空气阻力而采用的躺坐姿势,现在因为座舱空间的限制而不复存在。

　　(2)2009年比赛

　　东海大学队"Tokai Challenger"(照片5)阻止了荷兰 Nuon Solar Team 队的五连冠,实现了1996年本田队夺冠以来的日本团队的再次夺冠。冠军车"Tokai Challenger"的比赛平均时速为100.54km,再次超过100km。

　　(3)2011年比赛

　　上届比赛之前,包括冠军车队在内,有一些团队使用了能量转换效率较高的化合物太阳能电池(转换效率约为30%)。根据比赛规则,这些化合物太阳能电池面积不得超过3m²。从实质上讲,这其实是在排斥化合物太阳能电池的使用。如果不是为了获得冠军,有哪个车队愿意使用价格昂贵的航天太阳能电池板呢?而与之不同的是,单晶硅太阳能电池(转换效率为20%~22%)的面积限制不变,仍然为6m²。虽然单晶硅太阳能电池与化合物太阳能电池存在性能差异,但对使用面积的限制不同,实际上单晶硅太阳能电池的电力输出能力反而比化合物太阳能电池高出30%左右。

　　采用松下 HIT 单晶硅太阳能电池的"Tokai Challenger",以平均时速91.54km的成绩夺冠(照片6)。

（4）2013 年比赛

由于比赛规则强化了对安全方面的规定，一直以来作为主流的 3 轮太阳能车被禁用，参赛的车辆必须为 4 轮（照片 7）。同时，为了确保驾驶员的安全和视野，加大座舱盖也成了必然。

### ● 2013 年的技术趋势

（1）车体形状

车体的结构已经很接近赛车了，它是由硬铝合金构成的框架结构和碳纤维材料构成的硬壳式结构所组成的。从 2013 年开始，此前一直作为比赛主流的 3 轮车被禁用。比赛规则强制要求使用 4 轮车。同时，还规定车体长度为 4.5m，比以前缩短了 500mm。

从 3 轮改为 4 轮后出现了两大课题。一是 4 个车轮与驾驶员座舱的配置，特别是座舱位置只能从车身下部突出来。如图 2 所示，太阳能车的车轮数量为 3 时，可以将驾驶员座舱很好地配置在单轮前后。这样就可以减小前方投影面积。当太阳能车的数量为 4 轮时，可以考虑把座舱设置在左侧或右侧 2 轮之间，或者设置在车体的中部。前者的缺点是左右平衡受到破坏，对于 3000km 这样的长距离，总担心会对行驶性能产生影响。后者虽说是左右对称了，座舱配置在中央时，车身以下突出部分的空气阻力必然要比以往的 3 轮车型有所增加。但行驶的安全性比前者有所提高。

因此，有很多团队采用把驾驶室设置在单侧车轮的一侧（照片 8），有利于减小空气阻力。这种非对称车体被称为双体船车型，有不少参赛队采用这种车型。

另一个课题就是驱动轮的数量，这一问题将在后面叙述。

（2）安全规定（视野）：加大并前移座舱盖

以前的规定为"眼睛能看到前方"。现在规定为视野必须确保能目视前方 4m 之处及下方 0.7m（眼

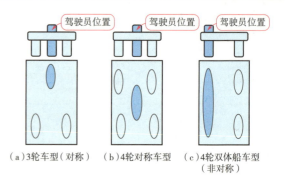

驾驶员位置　　驾驶员位置　　驾驶员位置

（a）3 轮车型（对称）　（b）4 轮对称车型　（c）4 轮双体船车型（非对称）

图 2　3 轮、4 轮和双体船车型的座舱配置比较
与（b）相比，（c）的前面投影面积较小，且车体以下突出部分也可做得很小

点距 0.7m），也就是要求能够看到地面。因此，以前考虑空气阻力，在车体后部设置小座舱盖的方式已经不可取，现在必须采用较大的座舱盖，且位置从车体中部前移（照片 9）。

（3）太阳能电池

1987 年夺冠的车辆安装了化合物太阳能电池（几乎都是航天卫星上使用的），由于其价格昂贵、购买困难，单晶硅太阳能电池是 20 世纪 90 年代的主流配置。到了 21 世纪初，可以较低价配置化合物太阳能电池，很多成绩较好的队几乎都使用化合物太阳能电池。但自从 2011 年比赛规则设置了速度限制，单晶硅太阳能电池的使用再次成为主流。2013 年的参赛车辆，大都安装了 1100 ～ 1300W 的太阳能电池板（照片 10）。

（4）集光器

有些方法可以增加太阳能采集能力，如不直接将太阳能电池张贴在车身的表面，而是让它们在行驶时收纳在车体内，早晚时段和控制停车时将它们延展开来进行充电的附加面板及镜面（反射板）等，其实都是用于扩大车体实际受光面积的。这些在以往比赛中都是被禁止的。另外，以往的比赛中规定，太阳能电池只能从化合物系和单晶硅系中选一种。2013 年的比赛对这些规则进行了修改，允许单晶硅

照片 8　双体船车型
（瑞典延雪平大学）Solar Team

照片 9　大型座舱设置在前方
Solar Energy Racers（瑞士）

照片 10 单晶硅太阳能电池板（"Nuna7"）

照片 11 集光器（"Nuna7"）

照片 12 锂离子电池
常用的是 18650 型（比 5 号电池大一圈的圆柱形）

照片 13 轮胎＋轮毂电机（东海大学）

和化合物太阳能电池的混合使用。这样，就出现了在车体上安装单晶硅电池板的同时，安装化合物太阳能电池所需的集光器的汽车（照片 11）。

（5）蓄电池

20 世纪 90 年代，排名靠前的参赛队都是使用银锌电池，比较常见的锂离子电池从 1999 年左右开始成为主流（照片 12）。2013 年的参赛队，安装了约为 5kW·h 的锂离子电池。另外，比赛规则并不限制锂离子以外的其他电池的使用，安装电池的数量取决于电池的种类和质量[①]。

（6）电机

为了彻底地追求效率，多数车辆采用无刷直流电机，取消了产生能量损耗的变速齿轮和传动链条，现在的主流方式是直驱——电机与车轮直接连接。

比赛规则规定必须使用 4 轮车，驱动轮的数量也是一个问题。正如前文所述，彻底追求效率的结果是，顶级太阳能车队使用的驱动电机，主流配置为无刷直流电机直驱方式。

以往的 3 轮车，一般配置为前面设置 2 轮，后面的 1 轮上安装电机。3 轮变成 4 轮后怎样办？可以有这些选择：2 电机 2 轮驱动、4 电机 4 轮驱动、1 电机 2 轮驱动、1 电机 1 轮驱动。其中，由 4 轮中的 1 轮驱动的方式，从对称性方面考虑，会出现平衡问题。而 2 电机 2 轮驱动的方式和每个车轮安装 1 台电机的方式则更受认可。从控制和质量方面考虑，后面的 2 轮各安装 1 台电机的配置较为多见。

（7）轮 胎

长达 3000km 的行驶距离，轮胎的滚动阻力也很关键。无论是哪个团队，都在寻找滚动阻力较小的轮胎，哪怕是小一点也好（照片 13）。虽是这么说，但由于这是在普通公路上进行的比赛，不同地方的路面状况也是有很大差别的，所以还必须研究爆胎的处理预案。

普利司通轮胎是 2013 年比赛的冠名赞助商，而排名靠前的参赛队主要使用的是米其林子午线轮胎。这种轮胎的滚动阻力仅为普通轮胎的 1/10，令人惊叹的是，即使与自行车、摩托车的轮胎相比，它的滚动阻力也要小得多。

## 在现场集结的太阳能车

● 冠军争夺者：荷兰"Nuna7"、美国"Generatio"

与东海大学队同样受关注的有 2009 年、2011 年比赛获得第 3 名的美国密歇根大学队（车名"Generatio"）和第 2 名的荷兰 Nuon Solar Team 队（车名"Nuna7"）。密歇根大学队资金雄厚，规模也远超其他队。两队的参赛车辆都采用了双体船非对称型车体（照片 14、照片 15）。

从比赛前的现场车检中了解到，"Nuna7"装载了集光器，这件事后来引发了争议。

● 头号冠军争夺者：东海大学队"2013Tokai Challenger"

志在夺得三连冠的东海大学在 2011 年车型的基

---

① 电池质量会计入车体总质量。——译者注

照片14　Nuon Team "Nuna7"（荷兰）

照片15　密歇根大学 "Generatio"（美国）

照片16　东海大学 "2013 Tokai Challenger"

照片17　Solar Team Twente "The RED Engine"（荷兰）

照片18　Stanford Solar Car Project "LUMINAS"（美国）

照片19　"Team Allow"（澳大利亚）

照片20　多伦多大学 "Blue Sky Racing"（加拿大）

照片21　"Onda"（意大利）

照片22　Punch Powertrain Solar Team（比利时）

础上，为应对4轮规则，将车体改为双体船型（照片16）。车身/底盘是东丽 Carbon Magic 公司制造的，材质为碳纤维，且在车身的不同位置使用了不同种类的碳纤维。

很多车都采用了美国 Sunpower 公司制造的太阳能电池。与上届相同，东海大学是唯一采用松下 HIT 太阳能电池的队伍。虽然从产品样本上看，HIT 太阳能电池单元的能量效率比 Sunpower 的略低一点，但从结构上看，HIT 太阳能电池具有高温时发电量降低少的特性。

● 黑马：荷兰 Twente 队和美国斯坦福大学队等

赛前，荷兰 Solar Team Twente 队（2015年第5名）的 "The RED Engine"（照片17），还有斯坦福大学 Solar Car Project 的 "LUMINAS" 都被认为是争夺冠军的热门选手。"LUMINAS" 的车体比较厚，并采用将座舱设置在中间的左右对称型结构（照片18）。

如前所述，为了确保前方视野而将座舱设置在稍微靠前位置的有瑞士 "Solar Energy Racers"、意大利 "Onda"、加拿大多伦多大学 "Blue Sky Racing"，还有初次参赛的澳大利亚 "Team Allow"（照片19~照片21）。

同样将座舱设置在中间，但采用比较薄的形状的有比利时 Punch Powertrain Solar Team（照片22）。这是在2007年比赛中取得较好成绩的 Umicore 团队的基础上组建的比利时联合队。

● 来自日本的参赛队

除东海大学外，还有2支日本大学队参加了挑战者级比赛。其中有组队5年以来，初次参加 WSC 的工学院大学队 "Practice"（骁勇）（照片23）。该车可以说是受 GHCraft 株式会社[1]创始人木村先生的影响，由木村先生参与设计的 Salesio 工业高等专科学校的 "Salesio" 号改进而来的。它的车体采用了减小空气阻力的低重心设计，而且是本次比赛唯一采用普利司通子午线轮胎参赛的队伍。

金泽工业大学队 "梦考房" 号，是在获得2012

---

① 日本的一家碳纤维公司。——译者注

照片 23　工学院大学队 "Practice"

照片 24　金泽工业大学队 "KIT Golden Eagle 5"

照片 25　在隐谷赛道预选赛上漂移的 "Tokai Challenger"

年铃鹿奥林匹克级太阳能车比赛亚军的 "KIT Golden Eagle 5"（照片 24）基础上，根据 WSC 比赛规则改装而成。

---

## "2013 Tokai Challenger" 比赛历程

### ● 预选赛出乎意料，东海大学仅获第 20 名

预选赛在达尔文市内的隐谷（Hidden Valley）赛道（1 圈 2.8km）举行，比拼行驶 1 圈所用的时间。决赛的出发顺序根据预选赛的名次确定。头号冠军争夺者东海大学队 "Tokai Challenger"，最后因过

弯角时速度太快而出现漂移（照片 25），虽然成功地再次起动，但浪费了很多时间。最终成绩为 2'46.7，比 2 年前的成绩落后了约 30s，结果仅获本级别的第 20 名，决赛时只能在最后出发。

挑战级的预选赛成绩排名如下：

① 澳大利亚 Team Arrow（2'00.1）
② 工学院大学（2'06.9）
③ 斯坦福大学（2'07.8）
⑤ 密歇根大学（2'13.5）
⑬ 荷兰 Nuon（2'35.5）
⑳ 东海大学（2'46.7）

### ■ 比赛第一天

#### ● 比头名晚 9 分钟出发，差距进一步被拉大

按前一天预选赛的排名，巡航者级比赛在达尔文时间上午 8:15 出发，挑战者级比赛是 8:30 出发。当初规定出发间隔是 1min，实际上是每隔 30s 出发一辆车。

天气晴朗，"Tokai Challenger" 比头名澳大利亚队晚 9min 出发。2013 年比赛的路线与上届不同，出发不久后走的不是单向多车道的斯图尔特高速公路，而是走的单向单车道。这样一来，就无法对行驶速度较低的其他车辆实施超车，其结果就是比头名晚出发的车辆与行驶在前方的车辆的差距进一步被拉大。

#### ● 以超过 100km/h 的速度追赶，到达第 1 个控制停车点

超车后，以超过 100km/h 的速度加速行驶，并在 12:51 以第 4 名的成绩到达第 1 个控制停车点——凯瑟琳（Katherine）（照片 26）。此地离出发地 316km。这样就可以与第一阵营同时出发了。但也比 2011 年的比赛多用了 30min 以上。

到达凯瑟琳时，挑战者级第一阵营的排名如下：

① Team Twente(12:27)
② Nuon Solar Team(12:37)
③ 斯坦福大学 (12:51)
④ 东海大学
⑤ 密歇根大学
⑥ Team Arrow
⑦ 瑞士 Solar Energy Racers
⑧ 工学院大学

在凯瑟琳休息 30min 后再次出发。东海大学队超过斯坦福大学队，排名上升到第 3 名。到达第 3 个控制停车点邓马拉（Dunmarra）时，只比 Twente

照片 26 在控制停车点充电的 "Nuna7"

照片 27 行驶中的 "Nuna7"

照片 28 今天在这里宿营（可以一直充电到日落）

照片 29 终点前的雨中行驶

晚了 1min。

● **虽然在邓马拉与 Twente 队的差距缩短到了 1min**

　　Twente 队在 16:48 到达邓马拉，东海大学队在 16:49 到达。3min 后的 16:52，有的队已在邓马拉休息了 30min 又出发了。这个队便是荷兰 Nuon Solar Team 队，以较大优势占据了第 1 名的位置（照片 27）。

　　比赛时间于达尔文时间下午 5 点结束，所以在邓马拉控制停车点还没有结束休息的东海大学队和 Twente 队结束了当天的比赛。

■ **比赛第 2 ~ 4 天**

● **天气晴朗，但与第 1 名的差距仍没有缩小**

　　从第 2 天起，比赛的开始时间是上午 8:00。东海大学队因为前一天在控制停车点没有休息满规定的 30min，所以只能等到 8:19 从邓马拉出发。比东海大学队先到的 Twente 队因为出了点故障，延迟了出发，于是东海大学队上升到第 2 名。

　　天气晴朗。直到第 4 天，一直是同样的天气（照片 28）。一直行驶排名第 1 的 Nuon 队和东海大学队以 90 ~ 100km/h 的平均速度继续行驶，但东海大学队与 Nuon 队的差距在逐渐拉大。

　　东海大学队几乎一直处于全速行驶状态。也就是说，考虑到充电量和效率，已经无法再提高速度了，尽管这样也没能缩小差距。

　　到第 3 天夜晚，为了摆脱这种状况，东海大学队对电机控制器的程序进行了修改，调整了最高速度。第 4 天，两队都是全速行驶，结果差距不但没有缩小，到达最后的控制停车点的时间反而进一步扩大到 30min 以上了。

■ **第 5 天：终点**

● **雨　天**

　　Nuon 队和东海大学队都预计在这天到达终点，然而早上就是阴天。上午 8:00 出发后不久，东海大学队行驶的地方就下起了雨（照片 29）。被这块雨云罩住的东海大学队因不能充分发电，只好中途停车，以较弱的光线充电，最后只能以很慢的 30km/h 的速度向前行进，并在达尔文时间 13:22，到达阿德莱德郊外的角谷（Angle Valley）终点，获得第 2 名。

# 比赛复盘

## ● 3个败因

WSC2013 年的比赛结果见表 2。

以 WSC 三连冠为目标的东海大学队，输给 Nuon 队的原因主要有以下三点。

第一，"Tokai Challenger"在预选赛阶段发生漂移，导致预选赛用时增加，最终只取得第 20 名的成绩。因此，决赛出发顺序靠后，决赛开始阶段为超越排名靠前的选手耗时较多，一开始落后也多。还有，决赛开始后进入单向单车道，造成了超车困难（照片 30）。

第二，"Tokai Challenger"的电机设计上，最高速度设定值有些偏低。东海大学太阳能车队预想的赛时巡航速度比去年低，准备的电机的最佳巡航速度为 90km/h，通过进角控制可达 100km/h 的行驶速度（第 12 届比赛的设计速度更高）。由于比赛规则的改变，赛车从 3 轮变成 4 轮，座舱盖加大了，因此把第一阵营的最高速度预想得比上届比赛低一

些。电机的开发也是按速度较低的情况考虑的，这样即使是阴雨天也能高效驱动。可是直到第 4 天都是晴天，所以没有追上按高速设计的"Nuna7"。在比赛的后半程，对控制程序进行了紧急修改（照片 31），电机的速度得以提高，但这未必是电机的最高效率点。另外，在预选赛阶段发生的漂移，使电机的轴承受到一定损伤，从而不得不用速度较慢的备用电机顶替，这也是一个负面因素。

另外，"Nuna7"安装集光器，是钻了比赛规则的空子。由于增加了太阳光的集光面积，因此发电能力上产生了差别。在上届比赛中，禁止混合使用化合物太阳能电池和硅系太阳能电池。Nuna7 准备了面积较小的集光器，为太阳能电池扩大受光面积（照片 32）。行驶时将集光器放在车内备用，停车时打开用来增强充电能力。集光器的面积约为 1.4m²，根据 ZDP 的分析，这个集光器相当于约 500W 的发电能力。这次比赛从早到晚一直是晴天，集光器一直处于发电效果较好的状态，推测可使发电量增加 10% ~ 15%（图 3）。2013 年比赛的规则设计者都想象不到的空子，却被 Nuon Solar 团队发现了。

**表 2　WSC2013 年的比赛结果**（挑战者级，靠自己的力量完成比赛的车）

| 序号 | 队　名 | 国　籍 | 车　名 | 行驶时间 / (h: m) | 到达终点时间 / (时间 / 日 / 月) | 平均速度 / (km/h) |
|---|---|---|---|---|---|---|
| 1 | Nuon Solar Team | 荷　兰 | Nuna 7 | 33 : 03 | 10:03/10/10 | 90.71 |
| 2 | Tokai University | 日　本 | Tokai Challenger | 36 : 22 | 13:22/10/10 | 82.43 |
| 3 | Solar Team Twente | 荷　兰 | The RED Engine | 37 : 38 | 14:38/10/10 | 79.67 |
| 4 | Stanford Solar Car Project | 美　国 | Luminos | 39 : 31 | 16:31/10/10 | 75.86 |
| 5 | Solar Energy Racers | 瑞　士 | SER-2 | 40 : 13 | 08:13/11/10 | 74.54 |
| 6 | Punchi Powertrain Solar Car Team | 比利时 | ndupol One | 40 : 28 | 08:28/11/10 | 74.08 |
| 7 | Team Arrow | 澳大利亚 | Arrow1 | 43 : 38 | 11:38/11/10 | 68.71 |
| 8 | Blue Sky Solar Racing | 加拿大 | B -7 | 45 : 38 | 13:38/11/10 | 65.71 |
| 9 | Univeristy of Michigan | 美　国 | Generation | 45 : 55 | 13:55/11/10 | 65.29 |
| 10 | Onda Solare | 意大利 | Emilia 3 | 48 : 25 | 16:25/11/10 | 61.92 |

**照片 30　在道路上行驶很难超车的情况**
"Tokai Challenger"正在超越巡航者级车辆

**照片 31　夜间对电机进行调整的东海大学团队**

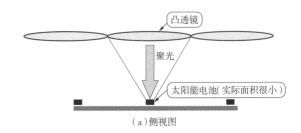

图3　由于使用了集光器，实际受光面积比太阳能电池板的面积大很多

照片32　"Nuna7"的集光器

### ● 真正的败因？

关于集光器，在 2013 年的比赛也许存在有一些争议，但确实是通过了车检的。以 WSC 理念来衡量，有人认为不应该通过车检，笔者也是这样认为的。

另外，像 2013 年 "Nuna7" 使用的设置在车辆外部、大幅增加受光面积的集光器，在 2015 年的比赛规则中是不允许的。

有不少人认为，如果 "Nuna7" 没有使用集光器，也许就不能获得第 1 名。但不管怎么说，车速还是比东海大学队快得多。与其说是技术上的差距，倒不如说是战略上的差距。但是，必须把技术作为确立战略方针的依据，这一点是不可改变的。

荷兰 Nuon Solar Team 队在 2009 年和 2011 年连续 2 届比赛都输给了东海大学队，获得第 2 名。为报此兵败之仇，该团队召集了四连冠时的成员，旨在加强 "Nuna7" 的开发机制。

其结果是，在 "Nuna7" 上，通过车体下部的凹陷来减小空气阻力、为适应 4 轮布局而新设计的车辆悬架形状等，为达到目标而采取的精益设计随处可见。

与此相比，东海大学队 2013 年的设计是在 2011 年车型基础上做的改动。当然，东海大学队也在改成 4 轮的同时，在提高性能方面下了一定的功夫，但还是偏保守。

不管怎么说，就 2013 年的胜负而言，Nuon Solar Team 夺回冠军宝座的执着信念超出了东海大学队的预想，我想这才是失败的真正原因吧。

# 对 2015 年 10 月开赛的
# 第 13 届比赛展望

获胜难，次次获胜难上加难。不管是东海大学队，还是 Nuon Solar Team 队，或许都这样认为吧。当然，一定还有不少参赛队也以同样强烈的意志瞄着冠军。

WSC 2015 年的比赛于 10 月 18 日～25 日在澳大利亚举行。我想应该与上届比赛一样会进行网络直播，这样即使在日本也可以实时了解哪个队正在什么地方行驶。在不影响工作和学习的前提下，大家可以抽出一些时间观战比赛也是不错的。

东海大学再次作为挑战者向 Nuon Solar Team 发起挑战，作为日本太阳能车爱好者，期待着再次迎回 WSC 冠军奖杯。

**笔者介绍**　　　　　　　　　　下迫正博
Zero to Darwin Project

学生时代的某个星期天，在名古屋街道散步时偶尔来到太阳能车制作现场，然后加入了 ZDP（Zero to Darwin Project）。看到耐久赛上在炎热的太阳下行驶的太阳能车的电池余量不断增加，深受感动。为了将这样的感动传递到全世界，现正运营 www.zdp.co.jp 网站。

# EV 电机的基础知识

## ——电机和发动机的特性是完全不同的

〔日〕内山英和　执笔｜韩伟真　译

可以说，EV（电动汽车）驱动电机是传统汽车发动机的替代品。如果说汽车制造的核心技术在于发动机，那么自制 EV 的核心技术就在于电机。电机和发动机的基本物理特性完全不同。本文的初衷，就是要对电机和发动机的基本工作特性进行比较，同时回顾电机特性中经常使用的基本参数。电机的种类很多，本文的最后部分将总结常用的 4 种 EV 驱动电机的特点。

（编者按）

# 电机的特点

## ■ 正确看待电机

### ● 作为汽车的动力源，发动机和电机有何不同？

EV 和混合动力汽车的数量正在持续增加，它们都装载着电机。驾驶汽车的人群中，关心"燃油费 / 电费的消费怎么样？""经济性能如何？"的人不在少数，但是关注"发动机和电机的特性有何区别？"的人可能就寥寥无几了。另一方面，对于驾驶这些汽车的人而言，比较燃油汽车和 EV 的驾驶体验，能够想到"驾驶的感觉有些不同啊……"的人数可能更多。

在本文中，为了认识电机的工作特性，就要与发动机进行对比，首先就来直观地了解电机的特性。

### ● 在我们身边，电机的用量正在增加

在我们的家庭中，除了汽车和摩托车，很少见到发动机（即使有也是放在室外）。但在各种各样的家电产品当中，却使用了很多大大小小的电机，如空调、洗衣机、电冰箱、吸尘器、CD/DVD/HD 记录设备……此外，在楼宇中、工厂中，也大量使用着多种多样的电机（图 1）。实际上，每台燃油汽车中使用着几十个甚至上百个电机。可以说，在我们身边，电机的使用量正在不断增加。

电机是将电能变换成磁能，再变换成动能来工作的机械装置。针对不同用途，融合各种能量的综合技术能力是必不可少的。也就是说，电机技术及控制技术比较复杂，需要做系统的说明才能理解。首先，我们尽可能直观易懂地对这些技术进行详细讲解。从另一个角度看，电机技术虽然深奥，但是还潜藏着很多未开拓的领域，这正是很多工程师可以发起挑战的热门领域。

图 1　电机遍布我们身边：洗衣机、冰箱、空调、除尘器、微波炉、搅拌机、钟表、计算机 HDD/CDD 等

## ■ 发动机和电机的区别

### ● 作为汽车的动力源，电机比发动机更优越

作为汽车的动力源，发动机仍占有主流地位。与发动机相比，电机的特性如何？先把结论列出来，电机有如下特点。

（1）能量转换效率高

发动机的能量转换效率只有 10% ~ 15%，而电机的能量转换效率高达 80% ~ 90%（专栏 A）。

（2）结构简单

一般汽车用发动机，虽然计数方法有较大差异，但可以知道起码是由 1000 个以上的零件构成的。而电机的零件数量少到区区 100 个左右，占有压倒性优势。这与低故障率和低成本紧密相关。

（3）能够做到精细控制

例如，发动机不可能实现反转，而电机就很容易做到。即使没有倒挡齿轮，电机通过反转也可以实现后退。电机可以达到每分钟数十转至数万转的宽域转速范围，而每分钟数百转至上万转的转速范围，就已经达到发动机的极限（不论低速旋转还是高速旋转，发动机都不如电机）。

（4）免维护

电机无需发动机不可缺少的机油、过滤器。即使长期闲置后，也可以立即使用。

（5）长寿命

因为零件的机械摩擦少，所以电机比发动机的寿命长，消耗零件只有轴承。

（6）低噪声，低振动，低发热

电机旋转时很安静，无需发动机上必备的消音器。电机不排出废气，发热量也小于发动机，以至于可以在室内使用。

（7）可以变成发电机

电机可以实现再生发电，也就是可以变成发电机工况（不是所有的电机都具备这一功能）。而发动机无论如何也不可能变成发电机。

（8）无须空转

发动机从启动到发挥应有的性能需要一定时间，即需要经过空转（怠速）。即使因遇到红灯而暂时停车，发动机也一直在运转（图 2）。电机完全不需要空转。虽然在最近的汽车技术中，发动机的这个缺点也有了很大的改善，但是，电机仍有很多胜过发动机的优势。

### ● 作为汽车的动力源，电机不如发动机的几个缺点

与发动机的优点相比，电机的缺点归纳如下。

（1）续航距离短

电机的最大缺点是，作为电机能源的电的储存和输送方法都比汽油更加麻烦（不是电机自身的问题）。发动机中使用的汽油比水轻，在油箱中储存几十千克汽油就可以供汽车行驶很远的路程。电本身几乎没有质量，可是电的蓄存必须使用电池或电容器，为了蓄存同等能量而附加的质量反而比汽油大得多。

另外，电池是依靠化学反应来充放电的，充电需要数小时（图 3）。电池的耐用年数也有变短的趋势。电容器因为没有化学反应而充电速度快，寿命也优于电池，但比电池体积更加庞大，成本也更高。

满箱汽油可续航 400 ~ 500km。EV 上装载着多个笨重的电池，而续航里程只有前者的一半。最近颇受关注的氢燃料电池能够大幅增加续航里程，但考虑到建设基础设施（氢气充气设备）需要花费的成本，眼下也成不了救世主。

尽管电机本身没有缺点，但是电能的储存方法终究是很大的瓶颈。

（2）难以维持最大输出

一般来说，电机不能连续工作在其说明书注明的最大输出状态。后文将叙述，电机在产生最大输出功率时，特别是没有加入控制时的原始特性，其效率仅为 50% 左右，输入的一半转换为热量而损失。

图 2　暂时停车时，EV 电机不工作
另一方面，燃油汽车的发动机往往在空转

图 3　EV 充电需要时间……
为了充满电，需要相当长的时间！

## 专栏 A　EV 真的比燃油汽车更节能？ Well to Wheel 指标的比较

有一种意见认为 EV 比燃油汽车更加节能，还有一种意见认为并非如此。这里仅对 EV 和燃油汽车的能量利用率试做比较。能量利用率又称能量利用效率或能量效率，有很多类似的用语。因为各自的定义不同，所以往往造成混乱。

相似的用语还有"Well to Wheel"这个指标。直译就是"从油井（石油采掘）到车轮"。它表示，从驱动汽车的能源的采掘，直到最终驱动车轮的动力，其间的能量是怎样使用的？全部能量的百分之多少用于汽车的驱动（图 A.1）？这个指标应该说是比较公正的衡量节能程度的指标。但是，因为测算方法不同，Well to Wheel 指标也会有较大的差异。

● 庆应大学的资料显示：燃油汽车为 8.6%，EV 为 35%

图 A.2（a）是庆应大学 Eliica[1] 项目的 Well to Wheel 指标。据此，在燃油汽车中，仅仅有效地使用了原始能量（原油中含有的化学能）的 8.6%。也就是说，其余的 91.4% 的能量或者变成热，或者作为未被利用的化学能而被弃。与此相对的 EV 中，好像最终有效利用了 35%，65% 被浪费掉。可见，EV 的能量利用率约是燃油汽车的 4 倍。

● 群马大学的资料显示：燃油汽车为 12%，EV 为 18%

另外还有其他资料，数值虽然不同，但是结论趋同。图 A.2（b）是来自群马大学的 Well to Wheel 测算资料。

在这份资料中，两种车型的差值要比庆应大学的数据小一些。虽然我们无法判断哪家的数据正确，但是可以有如下几点结论。

· 在有效利用能量这个角度，EV 优于燃油汽车。
· 无论电是从哪里发出来的，EV 所使用的电，将来都有改善能量利用率的余地。
· 电的生产方法、输送方法、储存方法很重要。

原油等化石燃料受产出地域的限制，而电能可以因地制宜在很多地方生产。特别是由于有效利用自然能（阳光、地热、风力、水力）的技术进步，上述 Well to Wheel 指标的差值会不会大幅增加呢？

从这个意义上来说，在支持 EV 的技术领域中，不仅受限于电机和电池，还涉及发电、输电、蓄电等广阔的领域，这些技术的进步与相互间的融合就显得十分重要了。

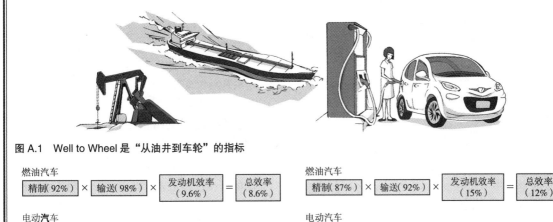

图 A.1　Well to Wheel 是"从油井到车轮"的指标

**燃油汽车**
| 精制(92%) | × | 输送(98%) | × | 发动机效率<br>(9.6%) | = | 总效率<br>(8.6%) |

**电动汽车**
| 发电<br>(53%) | × | 输电<br>(96%) | × | 充电<br>(85%) | × | 电机效率<br>(80%) | = | 总效率<br>(35%) |

（a）庆应大学的测算

**燃油汽车**
| 精制(87%) | × | 输送(92%) | × | 发动机效率<br>(15%) | = | 总效率<br>(12%) |

**电动汽车**
| 重油精制<br>(89%) | × | 火力发电<br>(40%) | × | 输配电<br>(91%) | × | 电池<br>(70%) | × | 电机效率<br>(80%) | = | 总效率<br>(18%) |

（b）群马大学的测算

图 A.2　Well to Wheel 指标

---

[1] Electric Lithium-Ion Car，锂离子电动汽车。

照片 1　用于三菱 i — MiEV 型汽车的无刷电机
（摘自三菱汽车工业株式会社产品手册）

照片 2　三菱 i 型汽车的发动机
（摘自三菱汽车工业株式会社公开资料）

因为发热，只能在短时间使用。这一点，从模型用电机到 EV 用电机，基本上是相同的。

　　EV 用大型电机，虽然配备了线圈冷却系统（空冷、水冷、油冷），扩展了可用范围，但连续运行在最大输出功率工作点，其效率也较理论值降低很多。

　　另一方面，发动机可以连续运行在最大输出功率工作点。虽然这不是经常使用的工作点，但是最高转速运行于这个功率最大的区域。

　　（3）噪声、振动过小

　　噪声和振动小本来是电机的优点，可是从另一个角度思考，似乎噪声和振动也是发动机的优点。考虑到驾驶汽车和摩托车的情况，噪声和振动是发动机的缺点，但同时也是其魅力所在。如果哈雷摩托车没有噪声和振动，那么它的魅力就会减半。

　　（4）不能把发热用于采暖

　　电机的优点，反过来说也是缺点。

　　在汽车上，冷暖设备是必需的。特别是采暖，来自发动机（效率低）散热。在水冷发动机上，可以把发动机冷却时产生的热量用于采暖（从发动机获得的热量）。虽然 EV 电机也会发热、也有冷却装置，但达不到采暖所需的发热量。只能寻求别外的采暖措施，如采用电加热器之类的设备为 EV 供暖。

　　有时，驾驶员也往往因为噪声和振动而感到心情舒畅。高级大型汽车和大型摩托车的发动机噪声符合一部分人的心理需求，这是另一维度的技术课题。

## ■ 发动机与电机的结构比较

### ● 零件数量很少的电机

　　试比较一下汽车驱动用电机和发动机。在市售汽车中，有发动机版和电机版的车型。照片 1 是 EV 用电机的示例，这是三菱 i-MiEV 型汽车使用的无刷电机照片。

　　照片 2 是燃油汽车所用发动机的示例，这是三菱 i 型汽车的汽油发动机照片。只看照片不易理解，但是可以想象到电机零件数量少、结构简单的程度，也可看出发动机的结构确实很复杂。

　　作为 EV 实例，看一个日产聆风（LEAF）的电机，照片 3 是其剖开模型，其中包括了变速箱（减速器）。相比于发动机，电机的结构要简单得多。

　　照片 4 是笔者们对日产电机进行拆解调查的照片。电机是由数量可数的零件构成的。

## ■ 发动机与电机的特性比较

### ● 比较 $T$-$N$ 特性，转矩大的是……

　　电机 $T$-$N$（转矩 - 转速）特性通常用作电机动力性能的指标，也用来考察电机与发动机的特性区别。在 $T$-$N$ 特性图中，横轴表示转速，纵轴表示转矩。转矩是关注汽车的人们所熟知的用语，它是以力和旋转半径的乘积所表示的力矩（图 4）。转矩是表示电机或发动机特性的重要参数，因为能够求得转速对应的转矩值，所以 $T$-$N$ 特性曲线是非常重要的特性图。

　　图 5 是三菱 i-MiEV 和其母型燃油汽车[①]的 $T$-$N$

---

① "i" 系列燃油汽车已经停售，所列数据为 2009 年时的零件数。

照片 3 日产聆风搭载的电机与减速器的剖开模型
（摘自日产图片库）

照片 4 把日产聆风搭载的电机拆解之后

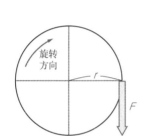

图 4 转矩是什么?

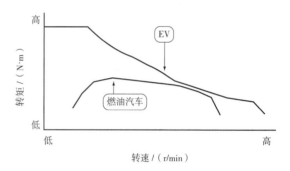

图 5 EV 与燃油汽车的转矩特性比较

特性曲线的比较，这是网上公开的资料。可以看出，即使与带有强力涡轮增压的发动机相比，电机的转矩也明显占优势，数值比较的结果见表 1。

表 1 电动汽车与燃油汽车的动力比较

| 项 目 | 电 机 | 发动机 |
|---|---|---|
| 最大功率 | 47kW（3000～6000r/min） | 47kW（6000r/min） |
| 最大转矩 | 180N·m（0～2000r/min） | 94N·m（3000r/min） |

● **最大功率相同，电机的最大转矩是发动机的 2 倍**

由表 1 可知，电机和发动机的最大功率相同，都是 47kW，但是电机的最大转矩大约是发动机的 2 倍，而且以低转速实现高转矩（电机的最大转矩发生在 0～2000r/min，发动机在转速为 0 时的转矩是 0）。

也就是说，在低转速时的输出功率（与转矩 × 转速成正比），二者差别很大。这表明 EV 在原理上就具有良好的起步加速性能。

但是，"加速性能良好"并不等于"高转矩"。举例来说，推土机安装了高转矩发动机（或电机），

但并没有很好的加速性能。加速性能指的是转矩 × 转速，与电机功率成正比。

■ **发动机和电机的动力性能比较**

● **动力性能由转矩和转速决定?**

对发动机和电机的转矩和转速特性进行比较，可以看出二者的差异很大。但是，这个特性并不是汽车本身的动力性能。

例如，在汽车爬坡的时候，转矩比转速更重要；但是，在高速公路上以 100km/h 速度行驶时，转速比转矩更重要。

不言而喻，汽车的性能并不是原封不动地使用发动机和电机的固有性能。为了满足驾驶员对汽车的需求，汽车设计师利用各种机械结构发挥发动机和电机的性能，最终造就汽车的动力性能。

下面对所用的机械结构予以说明。

## 专栏 B  发动机 *T*–*N* 特性反思

● **基于原理模型的发动机与电机的特性比较**

正文中比较了发动机与电机的 *T*–*N* 特性。单纯以原理模型比较电机与发动机的特性，如图 B.1 所示。发动机的 *T*–*N* 特性是右肩上翘的直线，电机的 *T*–*N* 特性则完全相反，是右肩下垂的直线。由此可知，发动机和电机的特性差别是明显的。

图 B.1（a）中发动机的 *T*–*N* 特性图上有虚线，这是发动机的工作原理决定的。图 B.2 为大多数汽车上装载的 4 冲程发动机的工作图。发动机将燃料与空气混合、爆发、燃烧，依靠此时的膨胀力做旋转运动。

这里要注意爆发引起的膨胀过程。在气缸中，爆发及燃烧几乎是瞬间发生的，但并非完全的零时间，而是在极短的时间内完成。虽然在 4 个冲程中发动机旋转 2 圈（720°），但对产生转矩起作用的时间据说只有全过程的 5%（36°）。而且遗憾的是，爆发及燃烧不能缓慢地发生，也不能在瞬间引燃。发动机的 *T*–*N* 特性并非无限地右肩上翘延伸，只在很小的一部分旋转区域绘成实线。

现实中发动机的 *T*–*N* 特性如图 B.1（a）所示的右肩更上翘，呈抛物线状。

另外，电机的 *T*–*N* 特性如图 B.1（b）所示，与发动机相比，特性与原理模型更接近。为了防止发热造成的损伤和事故，EV 用电机中增设了电流限制。

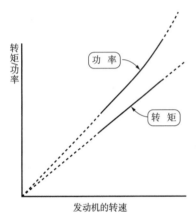
（a）发动机（实际中各段都呈抛物线状）

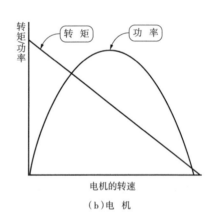
（b）电 机

**图 B.1  汽油发动机和电机的 *T*–*N* 特性**

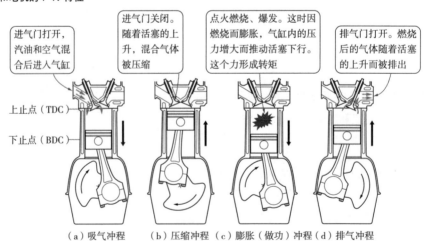

（a）吸气冲程  （b）压缩冲程  （c）膨胀（做功）冲程  （d）排气冲程

**图 B.2  4 冲程发动机的工作原理**

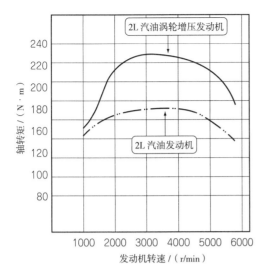

图6 汽油发动机的 T–N 特性

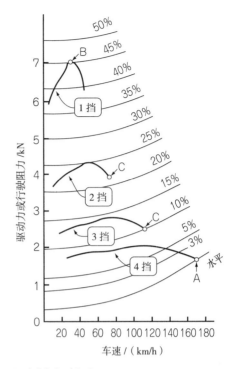

图7 驱动力与行驶阻力
以4挡手动变速器为例

## ● 发动机不能扩展转速范围

先来考察燃油汽车，以图6所示的单体发动机 T–N 特性为例。

发动机的原动力来自燃料与空气的混合气体在发动机气缸内燃烧、爆发，推动活塞运动。因此，转速为0的时候不会爆发，转矩也为零。汽车发动机（4冲程）内部的活塞以2次往复（4冲程）引燃1次爆发，产生旋转运动。因此，发动机的转矩理应与转速（爆发次数）成正比。但在实际的汽车中，发动机1000r/min以下的转速区域无法画出特性曲线：1000r/min以下得不到稳定的转矩，属于不能使用的区域；6000r/min以上是转速过高而不能使用的区域（专栏B）。

在发动机的最优转速区域，转矩随着转速的升高而增加，在某处达到转矩峰值后呈下降的特性。汽车发动机可用的转速区域很难无限制地扩展。

因此，在使用发动机的汽车上，基于发动机的特性，利用4挡或5挡变速器（变速箱）持续提高低转速（低速行驶）状态下的转矩。这样，发动机就具备了高速行驶状态下高转速的性能。

## ● 燃油汽车的驱动力与速度的关系

如上文所述，发动机和电机的特性可以用转矩和转速来表示。作为汽车驱动性能的指标，就演变成为驱动力与速度的关系。图7表示的是4挡手动变速器最大驱动力的曲线图，它表示在不同挡位下，汽车全加速时的驱动力。

图7的横轴不是转速，而是车速（车轮转速 ×

车轮周长）；纵轴不是转矩，而是驱动力（转矩/车轮半径），本质上与电机的 T–N 特性图相同。这里突然提出车轮的参数，在相同转速的情况下，车轮半径大，汽车速度就快；反之，车轮半径小，汽车驱动力就高（容易爬坡）。

转矩和驱动力、转速和速度，这些参数好像有点混乱，稍后将对这些参数的量纲进行整理。

## ● 行驶阻力是负的驱动力

图7的纵轴表示的是与道路坡度和速度相关的行驶阻力。汽车的行驶阻力是与驱动力方向相反的作用力。

行驶阻力包括：

① 坡道（坡度）阻力
② 空气阻力
③ 滚动阻力
④ 加速阻力

图7给出在各种坡度上行驶时产生的全部行驶阻力。

道路的坡度表示水平方向距离为100m时，垂直方向升高的米数，单位为%。如果水平方向100m升高5m，那么，它的坡度就是+5%。坡道阻力是由坡度和汽车行驶速度决定的。

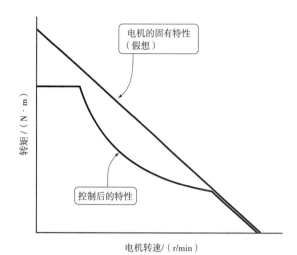

图8　电机的 $T\text{-}N$ 特性

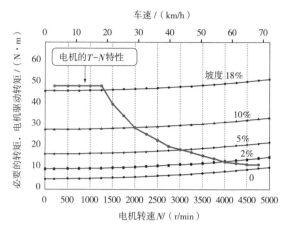

图9　EV用电机的行驶特性曲线

为了在各种坡度以各种车速行驶，在表示必要转矩的曲线上，增加了电机的 $T\text{-}N$ 特性（表示电机的驱动转矩和转速）。不使用变速器的场合，因为减速比固定，所以横轴的车速与电机的转速成正比。纵轴表示考虑到减速比和车轮直径时，电机输出轴上的必要转矩（以及驱动转矩）①

行驶阻力对于汽车极其重要，若：

① 行驶阻力 < 驱动力，则汽车加速
② 行驶阻力 = 驱动力，则汽车速度不变
③ 行驶阻力 > 驱动力，则汽车减速

这些原理不仅适用于燃油汽车，也适用于EV。由图7还可以得出各种坡度的各个挡位的最高速度。

也就是说，图7的A是最高速度（4挡时），B是可以爬坡的最大坡度，C是在2挡、3挡时的最高速度点。

● 电机的 $T\text{-}N$ 特性与发动机相反，呈右肩下垂

相对于发动机，电机具有"低速（低转速）高转矩，高速（高转速）低转矩"的基本特性（图8）。作为EV原动机使用时，以电机的基本特性为基础，用程序控制流过电机线圈的电流（相电流），以此建立转矩特性。再与适当的减速器配合，得到所希望的行驶性能。

为了减少驾驶EV时的不适感，市场上销售的EV尽量仿照燃油汽车的驾驶感实施控制。

实际上，EV行驶性能曲线如图9所示。把电机作为原动机的EV，因为电机的特性符合汽车行驶所希望的"低速（低转速）高转矩，高速（高转速）低转矩"，使用适当减速比的减速器，或者没有变速器也可以在全转速区域行驶。结果是，没有齿轮换挡过程的加速损失和转矩变动，可以流畅地得到强力加速感。

# EV、能量和力

● 要解决的续航距离问题

如前所述，续航距离是EV的最大课题。因此，大多数自制EV比赛比的是续航距离。参加续航距离比赛时，怎样消费所用电池之有限能量的策略非常重要。可以说，这是电机控制技术的核心所在。

现在进入EV和能量的话题。有点容易混乱的是各种能量体系的用语及其单位。首先来复习高中的物理知识。

■ 力学基本术语

能量、功率、力、功、功率……都是高中物理学过的力学基本知识。然而，如果问及它们是如何定义的？单位制是什么？反而很难回答。在此，归纳这些用语及其单位制。

（1）功（Mechanical Work）

施加在物体上的力和该物体移动的距离的乘积叫做功，用下式表示：

$$W = Fs\ (\text{J 或者 N·m 或者 kgf·m})\qquad(1)$$

式中，$F$ 表示力（kgf②），$s$ 表示移动的距离（m）。

（2）能量（Energy）

做功的能力叫能量。它与功具有相同的内涵（量纲）。单位制也一样，单位是J，或者 kgf·m，或者 N·m。

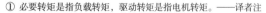

① 必要转矩是指负载转矩，驱动转矩是指电机转矩。——译者注
② 1kgf=9.806 65N。

**（3）力（Force）**

力是使物体运动状态发生改变的作用，在汽车上叫做驱动力。用下式表示：

$$F= ma（N 或者 kgf）\quad（2）$$

式中，$m$ 表示物体的质量（kg）；$a$ 表示加速度（m/s²）。

**（4）功率（Power)**

功率表示每单位时间内做了多少功（使用了多少能量），用下式表示：

$$P= \frac{dW}{dt}（W 或者 kgf·m/s）\quad（3）$$

式中，$W$ 表示功（kgf·m）；$t$ 表示时间（s）。

将式（1）代入式（3），得到

$$P= \frac{dFs}{dt} =FV \quad（4）$$

电的功率叫电功率，用下式表示：

$$P=IE（W 或者 A·V）\quad（5）$$

式中，$I$ 表示电流（A）；$E$ 表示电压（V）。

**（5）转矩（Torque）**

转矩是使物体旋转的力。比较接近的说法是力矩（Moment of Force）。转矩等于相对于距旋转中心的距离(外圆周切线方向与中心点的距离)乘以力，用下式表示：

$$T=rF（kgf·m 或者 N·m）\quad（6）$$

式中，$r$ 表示旋转半径（m）；$F$ 表示力（kgf）。

必须注意，转矩与功、能量、功率不直接相关。也就是说，不论旋转与否，转矩都是有值的参数。对于相同的转矩值，如果不旋转，所做的功为 0。

将式（6）变形，用转矩除以旋转半径，就得到驱动力。

$$F= \frac{T}{r} \quad（7）$$

式中，$T$ 表示转矩（kgf·m）；$r$ 表示旋转半径（m）。

反之，转矩乘以转数（旋转圈数）得到功，把转速（旋转速度）乘以转矩，得到功率。

$$W=Tn \quad（8）$$

式中，$T$ 表示转矩（kgf·m）；$n$ 表示转数。

$$P=TN \quad（9）$$

式中，$T$ 表示转矩（kgf·m），$N$ 表示转速（r/min）。

## 加速感、转矩、功率三者的关系

### "加速良好"是指什么？

有时驾驶着汽车说"这台车的加速好"，这里说的"加速"是什么意思呢？这和物理学中的"加速度"（$f=ma$ 中的 $a$）是相同的意义吗？不是，还

是有些微妙的差别？

总之，"加速良好"这种说法近乎"加速性能好"，这是一种感觉，所以，这里就称之为加速感。

### 加速感源自转矩余量

试想一下加速感与电机特性的关系。如图 7 所示，汽车的加速感取决于驱动力与行驶阻力的差值（驱动力余量）。这里所说的驱动力，就是推动汽车向前行驶的力，行驶阻力就是阻碍行驶的力。行驶阻力包括：

· 坡道（坡度）阻力
· 空气阻力
· 滚动阻力
· 加速阻力

等等，这些阻力的合成就是行驶阻力。如果驱动力比行驶阻力大，汽车自然就会向前行驶。

汽车的加速感与驱动力余量成正比，与车辆质量成反比。若从电机特性来考虑，就是必要转矩与最大转矩之差。可以说，转矩余量决定了加速性能。

图 10 表示了 EV（电机）的驱动力余量（转矩余量）。箭头所指的是在平地（坡度 0%）行驶的转矩余量。电机的最大转矩与在各种坡度上的必要转矩之差，就是在该坡度上的转矩余量。这个值越大，加速性能也就越好。

### 每当速度提上来，加速性能就下降，这是为什么？

这里的关键问题是，速度提上去以后，驱动力余量会一直持续不变吗？举例来说，只考虑转矩，如果加大齿轮减速比，转矩值就会变大。但是，只是加大减速比，速度很快就会达到顶点，最高速度不会再增加。结果只能达到高一级挡的起始速度。

图 7 中的 1 挡、2 挡、3 挡、4 挡特性曲线表示了这个特性。变速箱用于提高车速，是具备持续加速作用的装置。

"加速感好"是指一直保持"加速度"，可以体会到短时间内达到高速的感觉。实际上，加速感并不是电机转矩的直接体现，而取决于功率。

### 转矩 × 转速 = 功率

如前所述，在电机和发动机中常用的"转矩"就是使其旋转的力。与之相对的"功率"一词，表示单位时间内做功的多少。"功"可以用力 × 移动距离表示。

需要注意的是，不论施加多少力，如果不能移动对象，就等于没做功（图 11）。只要移动对象，

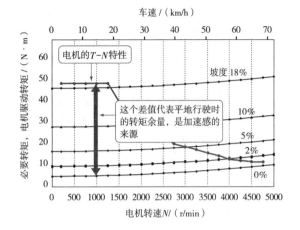

图 10 加速感与转矩余量

图 11 尽管施加了力，若不移动就没做功

就等于做功了。

换言之，转矩与运动方向的移动距离之积（功），再考虑时间因素（如转速、速度等），就初步形成功率的概念。电机和发动机的功率不是转矩，而是转矩与旋转速度的乘积。

● EV 行驶所必需的功率

这是本节的小结。EV 开始行驶（起动），需要怎样的电机特性？考核它的指标是能量，还是转矩？单位时间内做功的能力才是重要的。这就是功率。

EV 的驱动，必须考虑功率。功率的计算公式是常见的

$$P = \frac{\mathrm{d}Fs}{\mathrm{d}t} = FV$$

为了计算 EV 行驶所需的电功率，首先要计算出行驶阻力。所谓行驶阻力，就是滚动阻力、空气阻力、坡度阻力、加速阻力等作用于阻碍行驶方向上的所有力。行驶阻力也是力，单位以 N 表示。总行驶阻力 R 和移动速度 V 的乘积，是行驶所需的动力，也就是功率。

功率 = 总行驶阻力 × 移动速度

引入量纲（单位）就成为下式：

$$P(\mathrm{W}) = R(\mathrm{N}) \times V(\mathrm{m/s}) = RV(\mathrm{N \cdot m/s})$$

这里，N·m 是功的单位，力除以时间就是功率。力和功不考虑时间因素。

虽然这是直线运动的话题，但旋转运动也相同，功率正比于转矩与转速的乘积。

功率 = 转矩 × 转速

确切地说，是

$$P(\mathrm{W}) = 0.1047 \times T(\mathrm{N \cdot m}) \times N(\mathrm{r/min})$$

突然冒出来 0.1047 这个谜一样的系数，或许使

人感到惊奇。但实际上，电机等的转速，习惯上用 r/min（Rotation per Minutes，每分钟的转数）来表示。也就是，每分钟的转数必须换算成每秒的转数。并且，转矩除以半径是力，周长 / 半径 = 2π，所以就有了系数

$$0.1047 = 2 \times 3.14 \div 60$$

专栏 C 汇总了 EV 电机设计中经常使用的公式。

# 车用电机的种类

说到电机，其种类五花八门。其工作原理和结构，也因种类不同而有很大的差异。本文是针对自制 EV 用电机的，从而限制了电机的种类，但有几个电机种类仍需探讨。这里把车用（特别是自制 EV 驱动用）的电机作为讨论的重点。

## ■ 汽车上装载的电机

● 1 台汽车上竟然装载着 100 多个电机！？

单说"电机"也有各式各样的用途。即使限定于汽车，也不仅仅是用于 EV 驱动。在汽油发动机驱动的普通乘用车中，电机也被用于雨刷器、空调、启动机、自动车窗、转向助力器、风扇等辅助设备，其数量从几十个到一百多个。这些电机被称为辅助电机（专栏 F）。

多数辅助电机的驱动电压是 12V，功率为几十至几百瓦。在电机的形式上，价格便宜的有刷电机是主流。最近，因为对寿命、可控性和可靠性有着强烈的追求，根据用途不同，采用无刷电机的实例正在不断增加。

## 专栏 C  EV 用电机常用公式集

表 C.1  常用力学公式比较

| 项　目 | 符　号 | 公　式 | | 单　位 |
|---|---|---|---|---|
| 力 | $F$ | $m\,(\text{kg})\times a\,(\text{m/s}^2)$ | 质量 × 加速度 | N |
| 功 | $W$ | $F\,(\text{N})\times s\,(\text{m})$ | 力 × 距离 | N·m 或 J |
| 功　率 | $P$ | $\dfrac{W\,(\text{N·m})}{t\,(\text{s})}$ | 功 ÷ 时间 | W |
| | | $F\,(\text{N})\times v\,(\text{m/s})$ | 力 × 速度 | |
| | | $0.1047\times T\,(\text{N·m})\times N\,(\text{r/min})$ | 系数 × 转矩 × 转速 | |
| 转　矩 | $T$ | $F\,(\text{N})\times r\,(\text{m})$ | 力 × 半径 | N·m |

表 C.2  行驶阻力相关公式比较

| 行驶阻力 | 符　号 | 公　式 | | 单　位 |
|---|---|---|---|---|
| 滚动阻力 | $R_r$ | $\mu_r\times W\,(\text{N})$ | 滚动阻力系数 × 车辆总质量 | N |
| 空气阻力 | $R_a$ | $\dfrac{1}{2}\times C_d\times\rho\,(\text{kg/m}^3)\times A\,(\text{m}^3)\times[V\,(\text{m/s})]^2$ | $\dfrac{1}{2}$ × 空气阻力系数 × 空气密度 × 正面投影面积 × 速度$^2$ | |
| 坡道阻力 | $R_c$ | $W\,(\text{N})\times\sin\theta$ | 车辆总质量 × $\sin\theta$ | |
| 加速阻力 | $R_\alpha$ | $[W\,(\text{N})+W_r\,(\text{N})]\times a\,(\text{m/s}^2)\div g\,(\text{m/s}^2)$ | （车辆总质量 + 旋转部分相当质量）× 加速度 ÷ 重力加速度 | |

### ● 车用驱动电机：原动机电机

作用相当于以往汽车发动机的电机，叫做原动机电机。汽车厂商销售的 EV 用原动机电机，与辅助电机相比，有如下特征。

·驱动电压高（48 ~ 288V）

电压越高，电流就越小，发热引起的损失就小。

·输出功率大（数千瓦 ~ 数十千瓦）

为了牵引重物，需要大功率。所以，要求电机具有较大的输出功率。

·无电刷

无论怎样维护，有刷电机的电刷也会因为磨损而缩短寿命，可维护性差。

·可作为发电机使用（再生）

使用大功率电机驱动时，在停车过程中，使用摩擦制动（发热），不如使用再生制动，将动能（不是热能）变换成电能予以回收，以提高效率。

如上所述，与辅助电机相比，驱动电机复杂，而且要求具有高可控制性。这里对 EV（包括 2 轮车）上常用的驱动电机进行考察。

### ■ 4 种驱动电机

表 2 列出了具有代表性的驱动电机的种类与特点。

现在，驱动电机经筛选后缩减到 4 种类型。虽然有多项评价标准，但笔者以个人之见，试对几个项目做出优劣评价。

### ● 感应电机（IM）

感应电机（Induction Motor）也叫异步电机。姑且不论 EV，就是在电车中，感应电机也是最常用的电机。照片 5 是笔者所在的公司为小型 EV 试制的感应电机（最大功率为 7.3kW，额定功率为 3kW）。

感应电机的最大特征是磁场中（在电机上产生磁场的定子部分）不使用永磁体，不会被稀土问题所左右。并且，因为没有永磁体，用于 EV 时还没有"空驶拖曳现象"（铁损）（专栏 D），空驶时的效率高。

因为要输入 3 相交流电，所以感应电机要与产生 3 相交流电的逆变器（电力变换器）的电子电路部分配合使用。

感应电机没有永磁体，所以从原理上讲，电机旋转时不产生感应电压，容易控制驱动电流的波形。这可以说是优点。但是与后述的无刷电机相比，效

表 2 EV 驱动电机的种类与特点

| 项　目 | 感应电机（IM） | 无刷电机（BLM） | 开关磁阻电机（SRM） | 有刷电机（BM） |
|---|---|---|---|---|
| 成　本 | ○～◎ | ○ | ◎ | ◎ |
| 寿　命 | ◎ | ◎ | ◎ | × |
| 转子转速 | ○～◎ | ○～◎ | ◎ | × |
| 噪　声 | ◎ | ○～◎ | × | ×～△ |
| 效　率 | △ | ◎ | ○ | × |
| 质量、体积 | △～○ | ◎ | △～○ | × |
| 高转速化 | ◎ | ○（随磁场减弱） | ◎ | × |
| 综合评价 | ○ | ◎ | △ | × |
| 备　注 | 不使用钕磁材料，不因中国的资源政策而影响成本，技术成熟，历史长久 | 小型、轻量、高效率，是当前的主流。因使用钕磁材料，可得性、成本是难题（中国的政策等） | 优点是结构简单、成本低廉，但运行噪声很难降低 | 适用于老年车和高尔夫车等，不适合 EV |

注：◎最适合；○适合；△有时不适合；×不适合。

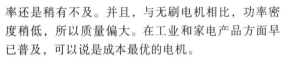

照片 5　感应电机

照片 6　无刷电机

率还是稍有不及。并且，与无刷电机相比，功率密度稍低，所以质量偏大。在工业和家电产品方面早已普及，可以说是成本最优的电机。

在市售 EV 中，美国特斯拉电机公司的特斯拉活动顶篷轿车采用了这种形式的电机。

● 无刷电机（BLM）

包含前述的感应电机，这里介绍的 4 种类型的电机中的 3 种没有电刷，所以，哪一个都可以说是无刷电机的一种。但是，通常所说的"无刷电机"，是指采用永磁体的无刷直流电机（Brushless DC Motor）。尽管叫做直流电机，其实电机本身也是输入 3 相交流电而工作的，所以，可以归类于交流电机。

因为分类比较复杂，所以这里把这种电机简称为无刷电机（Brushless Motor，BLM）。

输入到无刷电机的交流电，不是固定波形的工频电源，而是被称为逆变器的电力变换器生成的。逆变器持续判断电机状态，同时从直流电源生成适当波形的 3 相交流电。逆变器上装有微处理器，用程序精确地控制波形的生成。照片 6 是笔者试制的小型 EV 用无刷电机（额定功率为 20kW）。

无刷电机的磁场采用了永磁体，考虑到旋转中感应电压的影响（作为电机，在电动的同时也伴生发电），所以要求使用先进的控制技术。无刷电机的特点是效率高、控制性能优良，近来经常用于家电产品中。

**电机的"拖曳"是什么?**

● **即使不踩加速踏板,电机也旋转!**

最近,自动挡燃油汽车呈现爆发性增长。这些自动挡汽车上,虽然看不到离合器,但安装着某种变速器。至少,在停车的时候必须能够把车轮与旋转的发动机断开,所以还是存在着某种形式的离合机构。

另一方面,EV(大部分车种)是没有离合器的,驱动电机与车轮相连。也就是说,行驶中的电机不论通电与否,都是旋转着的。有必要注意电机在非驱动时,即空驶时的状态。

例如,在加速踏板抬起状态,EV 惯性行驶或者沿下坡道路滑行时,电机被车轮强制拖曳而旋转。这时,因为无刷电机的磁场中使用着永磁体,就会在旋转过程中产生能量损失。这是为什么呢?

● **拖曳现象:使用永磁体的电机的先天不足?**

EV 在滑行时,由于电机被拖曳旋转,磁路中的磁通也随之变化,虽然没有对非闭合电路产生影响,但是对磁路中的铁心和磁轭有影响——在这些铁磁材料中产生磁滞损耗和涡流损耗,即"铁损"。

倘若电流在闭合电路中流过,就会以电流的平方关系发热(焦耳定律)。也就是说,即使车轮没有被驱动,滑行时也会产生能量损耗。

这种损耗体现在车轮上就是制动力,正如利用发动机制动使车体产生制动的力。这种现象就叫做"拖曳"。

● **无拖曳现象的电机**

感应电机和开关磁阻电机的磁场中不使用永磁体,所以原理上不会发生拖曳时的铁损。这个特点对于电机的控制很重要。另一方面,在使用永磁体的电机中,常常由于电机旋转时产生感应电压,导致驱动电流的波形扭曲。为了对这个波形扭曲进行补偿,必须采取先进控制技术。

混合动力车既有发动机又有电机,即使关闭电机也会因为上述损失而引起发动机的燃料消耗。在日产汽车"e-4WD"中,为了消除行驶中的拖曳现象,增设了离合器,使得在非驱动时可以断开电机与车轮的连接。

---

现在日本市售 EV 几乎都是使用无刷电机的。照片 7 是使用了无刷电机的试制 EV(燃油汽车改装)。

● **开关磁阻电机(SRM)**

还有一种类型的无刷电机——开关磁阻电机(Switched Reluctance Motor,SRM),简称 SR 电机或 SRM。照片 8 是笔者所在的公司试制的开关磁阻电机(最大功率为 4.3kW,额定功率约 2kW)。

开关磁阻电机的最大特征是,磁场不使用永磁体(与感应电机相同),转子使用铁磁材料,结构坚固,

适合高速旋转。

开关磁阻电机也没有永磁体,所以没有空转时的拖曳。然而,旋转脉动引起的振动噪声大、功率密度低(功率/质量)等课题有待解决。但是,开关磁阻电机能够以 10000~20000r/min 的转速做超高速运转,这是其他类型的电机不可企及的,这个

照片 7　使用了无刷电机的 EV 试制车

照片 8　开关磁阻电机

## 专栏 E　为什么开关磁阻电机的噪声大？

以吸力强大为卖点的某厂商的吸尘器，因为不适用于日本国内的环境，尤其不适合那些住在公寓里的居民，销售过程充满苦涩。那种吸尘器上使用的就是开关磁阻电机（SRM）。并非所有的吸尘器使用的电机都会噪声扰民，而是本文所述的开关磁阻电机的噪声大。那么，为什么开关磁阻电机会出现讨嫌的噪声呢？

首先，在驱动原理上是有原因的。一般的电机以转子和定子间的吸引／排斥两方面的力产生转矩，例如：

·感应电机是电磁铁和电磁铁间的力
·无刷电机是电磁铁和永磁体间的力
但是，
·开关磁阻电机是永磁体（电磁铁）和铁（转子）的吸引力产生转矩

为了得到与其他电机同等的输出，必须加大吸引力。为此，把转子与定子之间的气隙设计得极其狭窄。

其次，定子侧线圈的利用率与其他电机有所不同。

在有刷电机中，只是被电刷跨接的换向片间的极少部分线圈不产生力，其余线圈都产生力。在无刷电机中，采用 120° 矩形波通电时，2/3 的线圈产生力；采用正弦波通电时，在原理上所有线圈都产生力。

这些电机的结构决定了，可以在沿着旋转方向产生大致均匀的力。

但是，在开关磁阻电机中，原理上只是 1/3 的线圈（通电）产生力。定子和转子间的吸引力偏于一部分线圈，定子上产生的周期性扭曲电流形成噪声。再加上用高速旋转补偿功率密度的低下（只利用了 1/3 的线圈），高速旋转导致的机械噪声也随之变大。顺便说一句，在空载时，即使超高速旋转，开关磁阻电机也很安静。

这种原理性的噪声对于开关磁阻电机是一个很大的缺点。但是，由于改进了电机的结构（极数的设置、用多个电机组合以错开相位等），以及改善了控制技术，这个缺点正在被克服。

不使用永磁体，简单牢固并能超高速旋转的开关磁阻电机，能否成为今后的关注重点？

---

优点弥补了功率密度低的缺点。

尽管开关磁阻电机也用于家电产品，但是一款驰誉海外的吸尘器使用了开关磁阻电机，据说因为噪声的问题，在最近的新产品中正以无刷电机替换（专栏 E）。作为 EV 用的开关磁阻电机尚未普及，估计它也不是今后期待的电机类型。

照片 9 是笔者所在的公司试制的采用开关磁阻电机的 EV 比赛用卡丁车。对于这种比赛用卡丁车，噪声不是问题，而高速旋转的特点得到了发挥，因此接连创出好成绩。

### ● 有刷电机（BM）

万宝至马达出品的模型用微型电机，最为熟知的类型是有刷电机（Brushed DC Motor，BM）。可以说，汽车电器中 95% 以上的电机都是这种类型。大多数场合不用电机驱动控制器（工作在 ON—OFF 状态），具有价格低廉的优点。但是，针对 EV 应用场景，除此之外没有别的优点。特别是有刷电机的寿命是个问题（电刷和换向片的磨损），以及电刷磨粉的问题。有刷电机的最大缺点是难以做到免维护。

对于再生功能，实际上很难做到有效利用电刷整流（切换电流的方向）。

有刷电机在 EV 领域的用途有限，但在面向老

照片 9　采用开关磁阻电机的比赛卡丁车

## 专栏 F　汽车上的非驱动用电机

本文的开始就叙述过，现在的普通汽车上也有数十个到 100 多个各种各样的电机。这里，说一说在汽车上使用的非驱动用电机。

图 F 是笔者所在公司的商品示例。正如图中所示，汽车中使用着很多种类的电机。出于性能和成本的考虑，有刷电机是其中最多的。最近，随着用途拓宽，对功能和控制性的要求更高，有刷电机正在被无刷电机替代。

● 前窗雨刷器　● 车窗清洗系统　门上后视镜　● 车窗升降电机　● 天窗电机　● 后窗雨刷器
● 风门控制电机　● 启动机电机　● 风扇电机　● 喇叭　● 自动座椅电机　● 牵引器　● 自动滑动关门系统
● 电动伺服制动器　● 加速踏板执行器　● 转向助力电机　（● 继电器）　● 电动燃油泵　● 灯

**图 F　汽车上使用的电机（含不使用电机的部分部件）**（摘自 MITSUBA 株式会社的资料）

表 F 整理了在更广阔范围应用的电机，这些只是全部电机中的一部分。各种形式的电机正在支撑着现代的生活和产业。根据测算，在日本使用电机的设备的耗电量，已经攀升到全部耗电量的一半以上。只考虑电机的耗电量，虽然比这个数据略低，但是所占的比例一定是最大的。

**表 F　电机的种类与应用示例**（摘自 MITSUBA 株式会社的资料）

| 种　类 | 名　称 | 驱动方式 | 实际应用示例 | 特征（性能） |
|---|---|---|---|---|
| 有刷电机 | 电磁铁磁场电机（磁场线圈型） | | e-4WD | 功率 3kW |
| | | | 电车 | 功率 210kW |
| | 永磁体磁场电机（永磁体型） | | 汽车电器 | 功率 2kW 以下 |
| 有滑环无刷电机 | 电磁铁磁场电机（转子磁场型） | | 小型 EV | 功率 44kW,226N·m |
| 无刷电机 | 内置式永磁电机（Interior Permanent Magnet Motor, IPM） | 电磁力 | 工业用、混合动力车、空调用压缩机、车载水泵 | 高功率、高效率，0.75～55kW/2250r/min |
| | 表面式永磁电机（Surface Permanent Magnet Motor, SPM） | | 工业用、车用 EPS、HDD、CD—ROM 驱动、风扇、洗衣机、VTR 磁头 | 小型、高输出、高效率、高精度定位、50~15kW/6000r/min |
| | 同步磁阻电机（SynRM） | | 机床 | — |
| | 开关磁阻电机（SRM） | | 电动涡轮增压器 | 高转速 70000r/min |
| | 三相笼式感应电机（IM） | | 新干线、EV、工业用 | 功率 275kW |
| | 单相感应电机（电容器电机） | | 风机、泵、机床 | 能用单相 AC100V 驱动，功率 1.5kW 以下 |
| | 步进电机 PM 形（永磁体型） | | AFS（自适应前照明系统） | — |
| | 步进电机 HB 形（混合型） | | OA（办公自动化）设备 | 最大静止转矩 1.66N·m（东方电机，5 相） |
| 超声波电机 | — | 非电磁力 | 照相机透镜（自动对焦） | 数牛·米，17kW 以下 |

年人的"老年电动车"和"高尔夫卡丁车"等方面得到了广泛应用。对于部分比赛用卡丁车和改装电动车，因为得来容易，所以多有应用。

照片 10 是在笔者所在公司量产的通用驱动用有刷电机。如果有刷电机大型化，可以利用 PWM 控制器完成速度控制或转速控制。

照片 10 有刷电机

### ▩ 小结：快乐地学习电机

本文复习了电机的基本特性，也许跟大家想象的不一样。自制 EV 比赛是展示电机技术和各种技巧的舞台。可以预测，已有 20 多年历史的 EV 赛车的技术还会不断进步。在实践中学习电机技术和控制技术，不亦乐乎？

从后面内容开始，将进入自制 EV 赛车所涉及的电机技术和控制技术的话题。笔者认为，通过学习至少可以深入理解电机。

---

## 附录：电机的效率与发热：铁损与铜损

### ▩ 效率的劲敌"发热"是哪里产生的？

#### ● 效率恶化的元凶是"发热"

在评价电机性能的指标中，还有本文未提及的"效率"。效率值高的，就可认定为高性能。

所谓效率，就是输出功率与输入功率的比值。例如，消耗了 100W 的电功率，而（单位时间内）做了 90W 的功时，效率就是 90%。那么，剩下的 10%——10W 功率哪里去了？

实际上，它的大部分都变成热能散发掉了。其原因是能量没有用于本来的工作，而是变成某些热量损失了。反过来说，为了提高效率，就要关心如何减少无用的发热。

#### ● 发热是哪里产生的？是电机内部，还是电子电路部分？

提到电子技术里令人满意的方面，不由得联想到电机控制电路（控制器）中常用的 MOSFET 或 IGBT 等功率器件。这些器件在很多应用场合都实施了空冷或水冷等散热措施。这是因为半导体器件到了一定温度以上就不能发挥作用，或者受到损坏。

在无刷电机的场合，控制器也有功率损失，但是远小于 10%。前述 10W 的损失几乎都消耗在电机内部，也就是变成了热。

#### ● 电机内部哪里发热呢？

那么，电机内部哪里发热呢？大家可能会想到"大电流流过的线圈"在发热。这种电路（铜线）上的发热损失叫做"铜损"。

此外还有"铁损"。它是在电机使用磁力的系统中，因磁力的变化在电机的铁（或铝）的部分产生涡流而导致的热损失（焦耳热）。

严格地说，还有其他方面的损失，如"机械损失"（如在轴承上的损失）、"风损"（空气阻力）等，但在整体中是极小的，这里忽略不计。

### ▩ 为什么产生铁损？

#### ● 是电机中的铁的部分吗？

所谓铁损，就是电机中的铁的部分发热而引起的损失。电机磁路的铁的部分由以下三部分构成。

（1）铁　心

电磁铁（线圈）的铁心部分，一般是由叠层电磁钢片构成的。

（2）磁　铁

有永磁体、铁氧体磁铁、铝镍钴合金磁铁、钕磁铁等。

（3）磁　轭

用铁板连接并覆盖磁铁，磁通有沿着铁板集中的特性。磁通集中，磁力就增强。因为电机中使用了数个磁铁，所以，用铁板把它们覆盖连接成罩状，使磁通集中。这个铁罩就叫磁轭。

这三部分都有产生铁损的可能。那么，铁损是怎样产生的呢？

#### ● 铁损也有 2 种

实际上，铁损大致分为 2 种：

· 磁滞损耗

· 涡流损耗

磁滞损耗是磁性材料内部因磁场的方向反转时

所消耗的能量。在磁性材料内部，有一种叫做磁畴的小单位。这些磁畴的磁场方向（磁畴的取向）一致。通过外部磁场改变这些磁畴的方向时，就需要能量。铁磁体也有很多种类，大体上说，高级材料所需的这种能量就很小。

其次是涡流损耗。在磁路（也是电的导体）中，如果改变磁通量的强弱或方向，就必定会形成阻碍这种变化的磁通，因而产生涡流（圆电流）。涡流引起的发热（焦耳热）就是涡流损耗。

● 如何降低铁损

为了降低磁滞损耗，必须选择或改善磁性材料。不过，低损耗材料的价格较高。为了减小涡流损耗，应当提高材料的电阻（调整硅钢片中的硅含量等），或者把电机的铁心做成薄片层叠结构（层间做电气绝缘处理），以减小涡流。

此外：

·磁滞损耗与频率的一次方成正比，与磁通密度的平方成正比

·涡流损耗分别与频率的平方、磁通密度的平方成正比

因此，在设计电机时，必须对极数（与频率有关）和磁路（有效磁通与磁通密度等）进行缜密的设计。

● 消除铁损

如果取消铁心、永磁体和磁轭这些产生铁损的部件，就不会产生铁损了。正如本文所述，不使用永磁体的电机也有数个种类。

有一种没有铁心的"空心杯电机"。这种没有铁心的电机，具有小型、轻量、启动性能好的优点；也没有齿槽效应，可以更加顺畅地旋转。在无线遥控模型上经常可以看到这种电机。经常用稀土元素制成磁力强大的永磁体，构成昂贵的稀土电机。

磁轭在决定磁通路径方面极其重要。有些电机不称之为磁轭，而叫做磁极罩（使磁路闭合的铁制外壳）。

■ 为什么产生铜损？

● 铜损是线圈上产生的焦耳热

顾名思义，铜损是指电机的铜材部分，也就是线圈部分的损失。线圈有电阻，流入电机的电流（相电流）在电阻上产生损耗。铜损可以表示为

$$i^2 \times r$$

式中，$i$ 表示电流（A）；$r$ 表示电阻（Ω）。

由此式可以计算出焦耳热。

● 如何降低铜损

为了减小铜损，可采取以下措施：

·减小 $i$，也就是减小相电流

·减小 $r$，也就是减小线圈电阻

因此，应当尽量使用较粗的导线，并尽可能使填充系数达到最大值。即便如此也难以抑制发热时，线圈的冷却就是必需的。用风扇进行强制冷却，效果好且结构简单，但电机的结构必须是开放式的。

从防尘、防水的角度看，强制风冷不适合 EV 用电机。一般来说，作为 EV 用电机，主流方案是在与铁心接触的外壳上通水的水冷方式。这种水冷方式的本意是冷却发热体的线圈，却成为通过外壳对铁心的间接冷却。

电机的工作范围从无负荷状态直到堵转状态（受阻停转），在无负荷区域的损失以铁损为主；反之，在堵转状态的损失100%是铜损。正常工作的电机中，铁损和铜损都导致发热。

■ 降低铁损和铜损的对策

使用无刷电机时，设法降低铁损和铜损非常关键。这也是设计电机时深入研究的重点。

笔者介绍　　　　　　　　　　内山英和

MITSUBA 株式会社 SCR+ 项目

1981年，群马大学工学部电子工学科毕业。同年4月，加入 MITSUBA 株式会社。

从事两轮赛车用 ACG（发电机）的开发。为节能行驶比赛、太阳能车比赛开发驱动用电机。现在正从事各种赛车用电机的开发工作，专业为自制 EV 开发特殊的 ACG/ 电机。开发出的产品多次用于世界级比赛的冠军队。

两轮车：WGP 赛、铃鹿8小时耐久赛、法国勒芒大赛、巴黎—达喀尔拉力赛。

太阳能车：WSG 赛、铃鹿、南非。

兴趣：休闲车（汽车、摩托车、PC 车）和 EV 制作。

星座：巨蟹座。

血型：A 型。

# 使电机具备符合需求的特性

## ——电压、电流、磁通的变化如何影响电机转动

〔日〕内山英和 执笔｜韩伟真 译 罗力铭 审

在前文中，我们围绕电机本体进行了展开讨论。下面我们将围绕"如何决定无刷电机特性"这一关键问题进行相关的探讨。

一般情况下，说到电机的使用，我们主要关注的是电机的转速控制和转矩控制。而用于 EV 比赛的电机，还必须关注电机的效率（节能）控制这一重要内容。

电机的种类和规格五花八门，其控制方式也多种多样。因此有人说，要精通电机太难，需要学习的内容太多、太复杂了。

简单来说，只要给电机提供"电力"，电机就可以转动。而这个"电力"（功率）是由电压和电流来决定的。今天我们就从电机和控制器出发，探讨给电机输入什么样的电压和电流，能够使电机产生多少转矩（力）和转速，又存在多少的损耗，也就是我们所说的电机特性。

本文的前半部分主要介绍 EV 节能比赛中实际使用的电机的控制方法，后半部分介绍决定电机特性的相关参数。

（编者按）

---

## 无刷电机的节能控制——PWM

---

与很多其他电子产品略有不同，用于 EV 比赛的电机，一般不会使用厂商提供的现成产品（有时也使用现成产品），而是根据需要的特性、规格进行开发和制作。

尽管如此，如果只是说"我要的电机必须是转速为 $xr/min$、转矩为 $yN$ 的"，这样是造不出想要的电机的。因为，我们不仅要知道我们想要的电机的最大转速和转矩，还要了解我们想要的电机的 $T-N$ 特性曲线是怎样的。也需要考虑电机工作时的电压是多少伏，电流是多少安，能有多大的效率等。

本文想让大家了解的是，如何根据电机的这些参数，使制作的电机具备与之对应的特性。这也是本文的主要内容。

电机特性的发挥是通过电力信号（电压与电流）来体现的。那么，首先我们会介绍决定电力信号的方法。这里面也会涉及提高电机的能量效率的相关技巧。

### ● 直流电机实际上是用交流电驱动的

电机是在电力（电压 × 电流）的作用下旋转的。这里，我们来关注通过电机的电流。电机可以分为交流电机和直流电机，二者的区别就在于电源是交流电，还是直流电。而在电机线圈中，电流的方向是高速切换的，那么就是交流。

我们来看直流电机，有刷电机是通过电刷和换向器（整流子）改变流过线圈的电流方向的。建议大家去拆一台用在模型上的电机（照片 1）看看。到时大家一定会惊叹：电机中将直流变成交流（换流）的结构，居然是那么简单却又合理。无刷（直流）电机的换流是通过由半导体开关器件组成的电子电路实现的（照片 2）。

### ● 交流电机也是用交流电驱动的

那么，在交流电机中又是怎样的呢？例如，在感应电机中，控制器对电机线圈施加交流电压，线圈中就流过交流电流。在一些家电上使用的电机，很多都是直接用市电来工作的。

总之，无论是有刷电机还是无刷电机，一般在电机内部流过的都是交流电流（图 1）[1]。

前面这些知识都清楚了的话，接下来就要进入电机控制部分的内容了。

---

① 也有像霍尔电机那样，只使用直流电的特殊电机。

（a）整体

（b）用换向器和电刷向线圈
提供交流电流

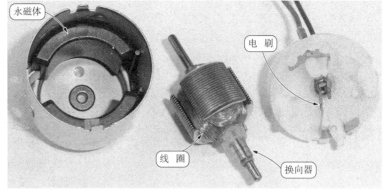

（c）分解之后。左：定子（永磁体），中：转子（3相线圈+换向器），右：电刷

**照片1　模型上常用的无刷直流电机（万宝至马达）**

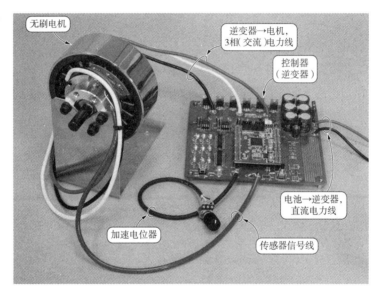

**照片2　无刷直流电机套件由电机和逆变器构成**
逆变器将输入的直流电变换成3相交流电，输出到电机

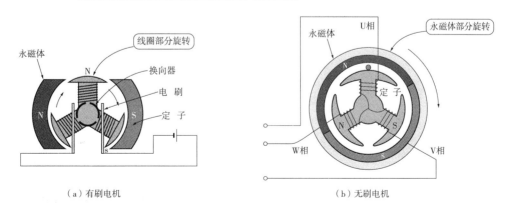

（a）有刷电机

（b）无刷电机

**图1　无论有刷电机，还是无刷电机，输入到线圈的都是交流电**

## ■ 不控制输出功率时的开关控制

### ● 用于小型有刷电机的驱动

用于模型的小型（小功率）有刷电机，几乎都是用开关控制的。汽车上使用的辅助电机（如雨刷器等），大多也采用这种方式。

我们来看看 T-N 特性图（图 2）。开关从关断（原点）状态变为开通，电机从最大转矩点（转速为 0 处）启动，直到与负载转矩相平衡的位置（工作点）。很多情况下，小型电机可以在开关开通的极短时间内达到工作点。这是因为它的转矩余量特别大。不需要调整输出功率和转速，利用简单的开关控制就完全能够满足使用需求。采用开关控制方式的电机，实际使用的转矩只有电机最大转矩的一半左右。

当然，很多大、中型有刷电机也会采用开关控制。例如，电动工具等使用的电机采用的就是这种控制方式。

## ■ 可以调整输出功率的 PWM 控制

### ● 根据负载进行功率控制：电压控制

当我们需要的输出功率比用于模型的电机可以提供的输出功率略大时，会使用加速踏板或调节旋钮（电位器）来调整功率和转速。也就是我们必须改变电机的输入功率（电压 × 电流）。令人遗憾的是，因为我们不能直接控制电流，所以只好通过控制电压来调整输入功率。

为了直接改变输入到电机的电压，可以增设与电机相串联的电阻，并通过控制电阻值来调节电压。但是，电阻会消耗功率，这会显著降低电机的效率（发热量与电流的平方 × 电阻值成正比）。对于功率较大的电机，因为通过的电流很大，所以还必须考虑应对串联电阻发热的冷却方法。增加串联电阻来控制电机，其实不是一个好方法。

### ● 提高效率的 PWM 控制

现在，我们经常使用的 PWM（Pulse Width Modulation，脉冲宽度调制）方式，也被认为是开关控制的升级版。其原理是，通过高速切换电机的输入电压（外加电压），改变开通时间和关断时间的比例，模拟改变输入电机的平均电压（驱动电压）。顾名思义，PWM 是用改变脉冲宽度的方式调整（调制）电机功率。

通过电子电路和控制器 MCU，可以对（PWM）脉冲宽度进行非常精细的控制。太阳能车和大部分节能行驶比赛用车都是采用的这种控制方式。在电机的应用领域中，PWM 是最常见的控制方式。特别是，近来因为效率高而引人瞩目的无刷直流电机（简称为无刷电机），因可以简单地实现 PWM 控制而被广泛应用。

PWM 控制的 T-N 特性如图 3 所示，其特性曲线是平行移动的。负载转矩和电机转矩相平衡之处就是工作点。

### ● 逆变器与 PWM

逆变器也叫做"交流电发生器"（电子电路），这项技术不仅用于电机控制，也用于控制荧光灯的发光。它不仅能够从直流电源生成任意频率的交流电，还能够从交流电源生成任意频率的交流电。

如今使用逆变器的家用电器屡见不鲜，如空调、冰箱、洗衣机、电风扇等。"逆变器"作为节能技术的一个关键词而受到广泛关注。

这里说到的逆变器控制，不仅用于 PWM 方式，也用于 PAM（Pulse Amplitude Modulation，脉冲幅度调制）方式。PWM 通过改变开通时间的比例，模拟平均电压的改变；而 PAM 是让脉冲频率恒定，通过改变脉冲振幅（电压）实现控制的方法。

除了家电产品，在电车[①]中也使用逆变器。电车

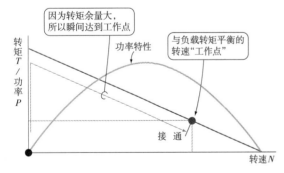

图 2　有刷电机开关控制的 T-N 特性

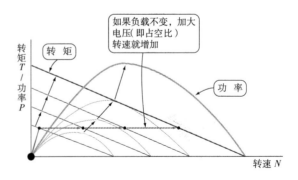

图 3　由于 PWM 控制而使 T-N 特性发生变化

---

① 日本的"电车"一般指电气火车或地铁。——译者注

上使用的电机大多是感应电机。这里的逆变器并不仅仅是 PWM 控制，还使用了被称为 VVVF（Variable Voltage Variable Frequency，可变电压、可变频率）的控制方式。

### ■ 保持电流恒定的"电源电流控制"

#### ● EV 比赛用的电机最好采用电流控制

下面介绍两个应用了 PWM 有高技术含量的实例。

第一个是电源电流控制的实例。在太阳能车等 EV 比赛中，根据规定时间内行驶距离的长短计算比赛成绩。因此，比赛成绩就取决于所用电池的容量（电量）。

在规定时间内，如何高效、毫无保留地用尽电池电量至关重要。而应对"用尽电量"这一命题，既简单又有效的控制方法就是电源电流控制。

笔者所在的团队正在开发的太阳能车采用的就是这种电机控制方式，并通过程序设定为默认（基础）方式（根据不同的比赛可以切换为 PWM 控制方式）。

#### ● 在电源电流恒定的情况下，如果负载增大，电机会怎样？

在实际比赛中，驾驶员通过加速踏板（电位器）发出电流消费指令，如"以 10A 电流行驶！"。这与电池驱动（电压恒定）"按 120W 行驶！"是相同的。这就是恒功率控制。

控制器（逆变器）不断监视电源电流的同时，通过运行相关软件调整 PWM 的占空比，让电源的电流输出达到要求值。

这种控制方式的特点是，控制对象是电源电流。因此，负载变动等原因导致电机转速下降时，电机的转矩就会增大。

有人会说：消耗的功率相同，转速下降时转矩就会增大？这太不可思议了。那么，就请回忆一下电机的 $T$-$N$ 特性图。

负载（行驶阻力、坡道阻力）增大

↓

电机转速下降

↓

工作点沿 $T$-$N$ 特性曲线左移

↓

转矩增大

就是这个道理（图 4）。

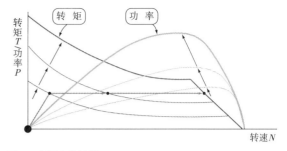

图 4　电源电流控制

#### ● 如果忽略效率，输出功率就会不变

再说明一下。所谓电源电流控制，就是使来自电源（电池）的输入功率保持恒定的控制方式。即使负载变化引起电机转速变化，也依然使电机的输入功率保持不变。

在忽略损耗的情况下，电机输入功率不变，就意味着电机的输出功率也不变[1]。在转速为 0 的状态下，输出功率和效率都为 0。也就是说，电机的输出功率特性是经过原点的向上突起的曲线。

我们曾经介绍过，电机的输出功率也可以用转速和转矩的乘积来表示。也就是说，输出功率恒定相当于，如果转速下降，电机的转矩就会增大。在负载增大引起转速下降时转矩增大，这对 EV 控制来说，是"正合我意"的特性，并且消耗的功率也几乎不变。

#### ● 再论占空比

负载增大，电机转速增大，消耗的电流却不变。或许有人觉得有些不可思议。那我们通过电压、电流两方面对上述现象进行说明。正如前文所叙述的那样，电机的

· 转速与电压成正比

· 转矩与电流成正比

因此，负载增大引起

· 转速下降

电机（线圈）工作点朝着

· 驱动电压下降

也就是占空比下降的方向移动。但是，输出功率恒定的话，电压下降会引起

· 驱动电流增大

但是，电机输入功率是恒定的，电源电压（蓄电池电压）又是不变的，所以电源电流当然也是恒定值。

---

[1] 准确地说，由于在控制器部分和电机部分都会产生损耗，所以输出效率一定低于 100%。

## 专栏 A　转矩控制与电压没有关系？

### ● 转速由电压决定，转矩由电流决定？

在前文中，我们曾经提到过，转矩就是力矩，对此感到困惑的人应该很少吧。不过，在从事 EV 比赛的人当中，估计有很多人都听到过"要提高电机的转速，就必须提高电压。要增大电机转矩，必须增大电流"这个说法。对于转速，多数人应该通过直觉就可以理解。而对于后者，"转矩不是由电压，而是由电流决定的"这种说法，很多人会觉得这不靠谱吧？

### ● 转矩源自洛伦兹力！

实际上，有揭示转矩来源的物理定律——弗莱明左手定则。

这个定则的内容是，如果电流流过处于磁场中的导线，在这条导线上就会产生力（洛伦兹力）。这个概念中涉及的方向可以用左手来判别：伸出左手，分别竖起拇指、食指和中指，使之互呈直角关系（图 A.1）。

- ·拇指所指的方向：作用于导线的力的方向
- ·食指所指的方向：磁场的方向
- ·中指所指的方向：电流的方向

并且，导线受到的力 $F$ 可以用下面的公式来表示：

$$F = IBL$$

式中，$I$ 表示流过导线的电流；$B$ 表示磁场的磁通密度；$L$ 表示导线长度。

这个导线所受的力 $F$，就是转矩的来源。接下来，我们按照这个原理来研究一下最原始的电机（图 A.2）。在这个图中，每根导线上产生的力 $F$，都是

$$F = IBL$$

因为原始电机是旋转体，所以这个力矩就成了转矩。因为

$$力矩 = 力 × 旋转半径$$

所以，每根导线的力矩 $T'$ 就是

$$T' = FR$$

因为对面还有 1 根导线，所以原始电机的转矩 $T$ 就是

$$T = 2 \times T' = 2FR = 2IBLR$$

如果把导线可靠地安装在实际的无刷电机上，就会……虽然稍微复杂一些，但可以想象得到，电机的转矩与电机的规格和绕线方式都有很大的关系。

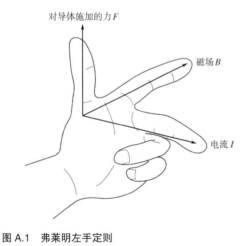

图 A.1　弗莱明左手定则

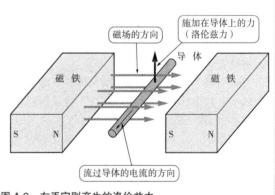

图 A.2　左手定则产生的洛伦兹力

### ● 相电流与电源电流不同

我想大家已经注意到，PWM 控制的占空比是变化的，所以必须注意：

- ·电源电流（电源→电机控制器）
- ·电机驱动电流（电机控制器→电机）

这两个电流是不同的。PWM 控制会把电机的驱动电流分为 3 相（U 相、V 相、W 相）输入。无刷电机的极数（线圈数）基本上是 3 的倍数，3、6、9…18、21 等，可以分别分配给 3 相中的某一相。也就是说，给每相（线圈）输入相同的波形。因此，

PWM 控制的电机驱动电流就叫做相电流。正如专栏B 中所讲的那样，在无刷电机 PWM 控制中，虽然叫做相电流，但并不是向 U 相、V 相、W 相分别输入电流。因为在 PWM 控制中，3 相中的 2 相是串联连接的，通过相同的电流（电流方向不同），另一相因为没连接所以不通电流。

那么，为什么电源电流 ≠ 相电流呢？

图 5 表示的是无刷电机＋逆变器（PWM 控制器）的模式图。看看这个图，流过最多电流的线是哪一条呢？我们会发现，符合描述的线有两种类型，共计 5 条。我们进一步分析一下这些线的电压和电流。

· 连接直流电源和逆变器的 2 条线
  （直流：电源电流）

· 连接逆变器和电机的 3 条线
  （PWM，也就是交流：相电流）

到这里，应该理解电源电流 ≠ 相电流了吧。问题是，通过电机的电流（相电流）是多少呢？

假设电源电压 $V_S$ 为 24V、电源电流 $I_S$ 为 5A、PWM 占空比为 25%，则

电机电压（有效值）=24V × 0.25=6V

电机电流（有效值）=24V × 5A ÷ 6V=20A

因为使用了 PWM，电机输入电压比电源电压低。然而，如果通过电机的电流并不比电源电流大，能量就会不平衡。而在实际中，当电机驱动的占空比降低时，应该使通过电机的电流大于电源电流。这一点经常被忽略，必须要注意。

假设因为负载变大，PWM 占空比从 100% 变为 50%，于是相电流就增大到原来的 2 倍，转矩也变成原来的 2 倍。如果电源电压和线圈部分的输入电

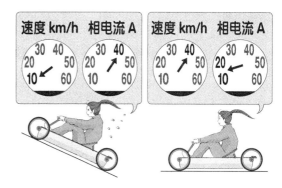

电源电流控制是把电源电流设置为恒定值，车辆在平地上高速行驶，在上坡路是低速行驶，驱动力增大。这是相电流不同的缘故

压（相电压）相同，相电流就会成为电源电流的 2 倍。

如果 PWM 占空比是 30%，电压变成 1/3，则电流变成 3 倍，转矩也增大至约 3 倍。

像这样，在电源电流控制中做出电流恒定的指令（EV 中通过加速踏板或电位器设定），电机的特性为转速降低，转矩变大，相电流增大。

● 由于电流增大，行驶时出故障了！

在 EV 节能比赛中，屡屡发生因相电流增大而造成的意外。（其实早预料到了！）前面我们做了假设，控制器输入功率＝输出功率（效率 100%）。实际上，输入功率＞输出功率。差值的大部分是因发热造成的损耗。当这个损耗变大的时候，就会导致大问题。

首先，因为与电机相电流的平方成正比，线圈的发热量变大。而且，虽然可以进行电源电流的测量，但相电流是测量不到的。实际上，控制器的保险丝

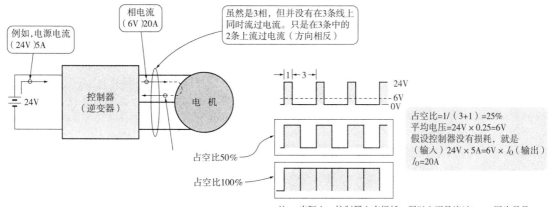

注：实际上，控制器上有损耗，所以也不是流过 20A。因为只是 3 条中的 2 条线流过电流，所以每条线上的电流为 20A × （2/3）=13A 以下。但是有一点是肯定的：流过的电流比电源电流更大

图 5 电源电流与相电流为何不同

熔断或电机线圈烧坏这些故障，往往不是在电机高速旋转的时候发生的，而是发生在低速旋转的时候。如果安装了相电流仪表，可以随时监测相电流。在 EV 行驶过程中，我们应该在非高速行驶时关注相电流仪表的变化。

其次，流过控制器的功率器件（如 MOSFET）的电流也增大了。我们也必须关注这些器件的通态电阻值。所谓通态电阻值，就是 MOSFET 在开通状态时（流过大电流的时候）的电阻值（不同型号的 MOSFET，通态电阻特性有相当大的差异）。发热（焦耳热）与电流的平方和通态电阻值的乘积成正比。所以，必须采取相应措施，保证 MOSFET 不会因为发热而损坏。所谓的相应措施，就是对通过电机的最大电流进行限制的对策和散热对策。

● 通过软件设置相电流的限值

通过 PWM 占空比调节流过电机的最大电流，是可以通过生成 PWM 波形的软件来完成。

当行驶阻力增大时，转矩增大。在限定行驶时间的 EV 节能比赛中，这是利于能量管理的有效控制方式。正如前文所述，这是从电机的线圈发热和保护控制器功率器件的立场出发的，也是通常情况下较少使用的控制方式。

此外，这种控制方式在控制器功率器件负荷留有余地的情况下，起动加速可以变得更好。

■ 调节转矩的相电流控制

● 在使用大功率电机时控制相电流

前一节提到过，必须注意：即使电源电流一定，相电流也是变化的。因此，即使不使用电源电流控制的时候，也必须注意相电流的变动。特别是使用驱动电感量低的大功率电机[1]时，更应该注意。这是因为，就算是单纯的 PWM 控制的大功率电机，在操作加速踏板或电位器的时候，相电流会发生很大的变化。

相电流的巨大变化，会引起电机的转矩变化。在 EV 行驶时，对加速踏板发出的指令是很敏感的，电机转矩也会大幅度波动，EV 就会变成一台行驶不稳定的车。还有，相电流突然变大，也容易损坏控制器中的功率器件（MOSFET 等）。

为了保护器件，也为了让电机的转矩稳定，可以考虑把控制对象从电源电流变为相电流。因为相电流与转矩成正比，所以也把相电流控制称为转矩

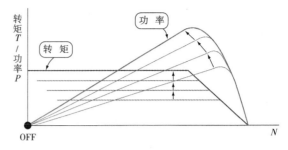

图 6 相电流控制

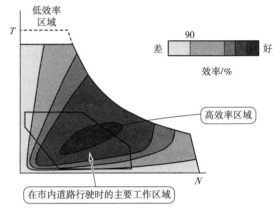

图 7 日产聆风所用电机的 $T$-$N$ 特性

控制。

$T$-$N$ 特性的变化如图 6 所示。

● 市售 EV 的控制

实际 EV 中，为了发挥电机的特性，采用了更复杂的控制。电机的特性必须在电机特性曲线范围内，才能得到发挥。但是，如果改变电机的参数，特性曲线本身也会发生变化。如果在各个特性曲线重叠的区域内，可以任意发挥电机特性，那么，即使称为相电流控制，其实也运用了很多控制方式（矢量控制、PWM 控制……）。

例如，图 7 是从日产聆风的相关资料中引用的。通过这个图可以知道，实际 EV 中使用的电机的 $T$-$N$ 特性在哪个区域，从哪个区域着手设计电机可以获得更高的效率。

[1] 说"电机的输出功率大"，相当于说"电机的输入功率也大"。与输出功率小的电机相比，也就是"电机线圈的阻抗（在交流中是感抗）变小"。

**专栏 B**　**PWM 驱动电路的结构**

● 第1步：分析线圈和二极管的电路

为了更好地说明 PWM 驱动的原理，如图 B.1 所示，我们简化了它的电路。虽然不是电机，直流电源（12V 电池）与 1 个电阻、1 个线圈、1 个开关串联在电路上，再将二极管和线圈并联在电路中（忽略线路电阻和电池内阻）。在这个电路中，起关键作用的是线圈。这个线圈具有电感 L 的特性，而电感 L 是很重要的。

（1）电池的输出电流

如果使这个电路的高速开关（开通时间与关断时间相同：占空比为 50%），电源电压为 12V，这时从电源流出的电流 $I_S$ 为图 B.1 所示的矩形波。假设这时的峰值电流是 10A，平均电流就是其一半——5A。即电池的输出功率为

$$12V \times 5A = 60W$$

（2）流过线圈的电流

接下来，看看这个电路中流过线圈的电流 $I_L$ 的状况。首先，开关 S 开通时，线圈流过与电源侧电流 $I_S$ 相同大小的电流。开关关断时，来自电池的电流供给为 0（和 $I_S$ 相同）。但是，因为线圈具有电感，电流的变化（5A → 0A）引起的自感应，试图继续维系线圈中的电流流动。

如果没有二极管 D，线圈中试图维系电流流动的自感应，会使线圈产生很大的感应电压。因此，在开关关断瞬间，开关接点之间产生火花（放电电流通过）。但是，因为这个电路中有二极管，流过线圈的电流被二极管续流，依然保持相同的方向继续流动。

因此，线圈电流 $I_L$ 大多在 10A 左右。从功率的角度来看，因为施加在线圈上的电压是高速切换的，电压为 12V 的时间与 0V 的时间相同，平均下来就相当于 12V 的一半，即 6V。所以线圈上消耗的功率为

$$6V \times 10A = 60W$$

它是与电池输出功率相平衡的（这里忽略损失）。

因此，流过线圈的电流就因为电感的特性和二极管的共同作用，使流过电机的输入电流变为电源电流的 2 倍。

刚才我们是以占空比为 50% 来考虑的。同样，当占空比为 30% 时，线圈的输入电压为 12V × 30%=3.6V，线圈电流为 120W ÷ 3.6V=33.3A。也就是说，流过线圈的电流超过电源电流的 3 倍。

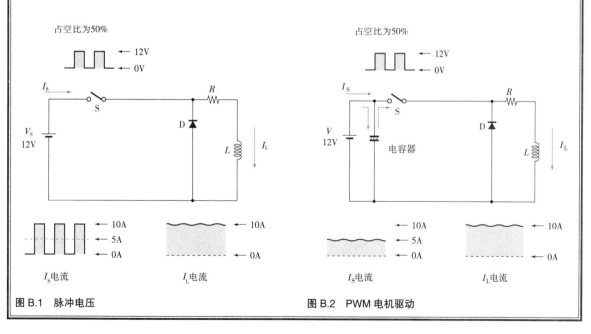

图 B.1　脉冲电压　　　　　　　　图 B.2　PWM 电机驱动

## 专栏 B　PWM 驱动电路的结构（续）

### ● 第 2 步：增加电容器

在第 1 步的基本电路中，电源电流为脉动直流。因此，需要追加与电池并联的电解电容器（配置在尽量靠近电池的地方），详细情况如图 B.2 所示。这样，在第 1 步的电路中，电流的脉动得到改善，几乎接近直流。由于追加了电容器，电路中电流的流动也稍异于第 1 步的电路。

（1）开关 S 开通时

流过线圈的电流为①来自电池的电流和②来自电容器的电流，这两个电流合并而成的。

（2）开关 S 关断时

电池的输出电流不为 0，而是流向电容器，为电容器充电。这与第 1 步的电路中的状况是不同的。因为电容器可以配合开关的通断进行充放电，从而使来自电池的电流变得平稳，接近于直流。如果来自电池的电流恒定为 5A，那么，流过电机线圈的电流就为 10A，这在第 1 步时讲过。如果这时测量紧紧靠近开关前端的电流，就会发现，其实和第 1 步提过的情况相同，它仍然是 10A → 0A 的阶跃电流。

### ● 第 3 步：考察实际的电机驱动电路

现在，我们来考察现实中的无刷电机的 PWM 驱动。

首先，请看图 B.3（a）。无刷电机有 3 相线圈：U 相、V 相、W 相。各相线圈的一端连接于同一点（中性点），另一端则分别接与电池正极相连的开关和与电池负极相连的开关。这 6 个开关的通断决定了各线圈中的电流方向（或者无电流），如图 B.3（b）所示。这个电路就叫 H 桥驱动电路。按照表 B 所示的规律来切换这些开关的通断状态，电机就会旋转。

电机的电源电压，不论是从电池获取，还是

**表 B　切换 6 个开关的通断使电机旋转**

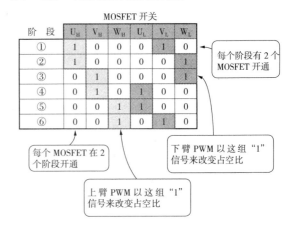

电机的电源电压，不论是从电池获取，还是

把开关换成 MOSFET

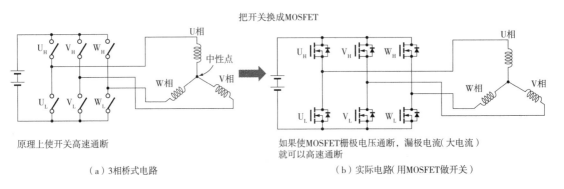

原理上使开关高速通断

（a）3 相桥式电路

如果使 MOSFET 栅极电压通断，漏极电流（大电流）就可以高速通断

（b）实际电路（用 MOSFET 做开关）

图 B.3　PWM 原理：3 相桥式电路与 PWM 电路

从经过稳压处理的市电获取，大多数情况下，电压是固定的。利用固定电压向电机施加任意电压的方法就是PWM。如图B.1所示，我们通过高频将把电压调制成脉冲状。这个脉冲的周期决定了载波频率。载波频率的高低，因使用场合不同而变化，如载波频率为1.6kHz。我们通过PWM对真值表中为"1"的区间进行开关控制。这里的占空比是由MOSFET的切换来调整的。如果占空比下降，就会出现平均电压下降，电流值增大的情况，这一点我们在第1步也有介绍。

实际上，无刷电机的PWM驱动可以用图B.4予以说明。图上表示的是U相→W相的通电区间。这时，下臂（L）导通的W相MOSFET输出图B.1所示的脉冲波形，这就是施加到电机的占空比电压。这就叫下臂PWM。上臂（H）的原理与此相同。

在被称为"同步整流"的"互补PWM"和进化版的"矢量控制"（正弦波）中，上臂和下臂不间断地进行着PWM驱动。

**（1）上臂PWM驱动**

再仔细地看看PWM驱动电路。图B.4（a）表示的是从U相向W相通电的区间。当PWM为开通状态时，来自电源的电流流过图示的路径：

电源→U相上臂MOSFET→U相线圈→W相线圈→W相下臂MOSFET→电源

**（2）PWM为关断状态时的驱动**

PWM为关断状态时，上臂开关全部是关断状态，因此没有来自电源的电流。

MOSFET中有寄生二极管[①]，所以，U相→W相的电流，可以在通过U相寄生二极管返回U相的回路续流，如图B.4（b）所示。这个寄生二极管完成了第1步和第2步中提到的二极管的任务。另外，这个图中省略了电容器，实际上电容器是与电源并联的。

PWM驱动电路中，电源电流（来自电池的电流）与电机内部流过的相电流是不同的。相电流（因为是交流电流）的有效值也很重要。它与各相连接的电流表测得的平均电流值（交流电的平均值近似于零）也不同，这一点一定要引起注意。

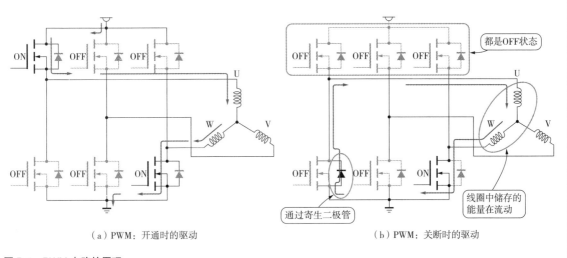

（a）PWM：开通时的驱动　　　　（b）PWM：关断时的驱动

**图B.4　PWM电路的原理**

---

① 制造MOSFET时漏－源极间形成的二极管功能，称为寄生二极管。图B.4中特意标上了二极管符号，在一般电路图中是不画出二极管符号的。

# 转矩和转速

上一节，我们讲了电机的电流控制。这一节，我们看看电机关键特性——转矩和转速又是怎样控制的。电机的结构决定了它的驱动电压，也就决定了它的特性（如 $T$–$N$ 特性和 $N$–$I$ 特性等）。特性图显示的转矩和转速是可以通过控制器调节的。反过来说，让电机具有超出特性曲线范围的性能，其实是不可行的。

为了让电机具备超出其原有特性曲线范围的特性，就必须改变电机本身的参数（如绕线方式、线圈线径、磁通密度、驱动电压等）。也就是说，在电机设计阶段，通过协调各种各样的使用条件之间的关系，先确定电机的参数。在进行电机设计之前，如果要改变电机的参数，就需要更加详细地考察参数的改变会导致电机的特性发生怎样的变化。

在这里，我们以无刷电机为例进行分析。当然，这也同样适用于其他多数类型的电机。

## ● 通过实验来看看电机的特性是怎样变化的

一提到电机设计，很多人都会认为这是一项细致的工作。就算使用相同的零部件来制作电机，电压、线圈规格（线径、匝数）等参数的改变，也会使电机的特性（转矩或转速）发生惊人的变化。我们建议通过实验来确认参数改变引起的电机特性的变化。

但是，通过不断地改变电机的规格参数，反复进行试验，一次又一次地进行电机的试制，并不是一项容易的工作。在这里，我们以用于教学的无刷电机套件作为实验器材进行讲解（"CQ 无刷电机和逆变器套件"见表 1、照片 3）。使用该套件，改变参数验证电机特性变化的实验就变得很简单了。用这个套件，可以验证以下 4 种参数改变带来的变化：

· 驱动电压
· 线圈匝数
· 绕线方式
· 线圈线径

当然，进行实验就需要测量仪器。如果能备齐下列测量仪器就完美了：

· 电压表
· 电流表
· 示波器
· 转速表
· 转矩测量仪

表 1　"CQ 无刷电机和逆变器套件"概要

| 电机本体 | · 分为"无刷直流电机"和"永磁体同步电机"<br>· 外转子型、12 极 18 槽（线圈匝数不限）<br>· 电机外形：$\phi$ 115.6mm，长 102.7mm<br>· 质量：约 2.4kg<br>· 功率：标准规格 60W，最大约 3kW |
|---|---|
| 控制器 / 逆变器部分 | · 3 相 PWM 120° 矩形波驱动逆变器控制<br>· 6 个 MOSFET（IRFZ48VPBF，IR）<br>· V850（μ PD70F3374M2GCA，瑞萨）CPU 控制板<br>· 软件：①电位器调速控制，②升压式再生发电（出厂时已经写入）<br>· 传感器：3 个霍尔传感器 IC<br>· 软件开发环境同"E1"（标配） |

照片 3　组装好的"CQ 无刷电机和逆变器套件"

电压表、电流表，用万用表 / 数显多功能测量仪替代就够了。现在的示波器价格便宜了很多，而且还可以看到 PWM 波形和感应电压。使用激光照射外转子（电机旋转部分）上粘贴的反光贴，获得激光反射来检测转速的非接触式转速表，它现在的网购价格还不到 4000 日元。转矩测试仪的价格一般都很昂贵。本书的其他文章中，也介绍了如何制作转矩测试仪，大家可以参考。

首先，CQ 无刷电机最基本的 $N$–$I$（转速 – 电流）特性如图 8 所示。在这个特性的基础上，我们接下来尝试改变电机的参数。

## ■ 改变驱动电压会怎样？
## ● 提高电压，转速就会上升

只改变驱动电压的情况下，电机特性发生的变化如图 9 所示。电机的绕线方式和线圈匝数相同、占空比等其他条件也完全相同的情况下，验证驱动电压的变化如何改变电机特性的实验是简单的。我

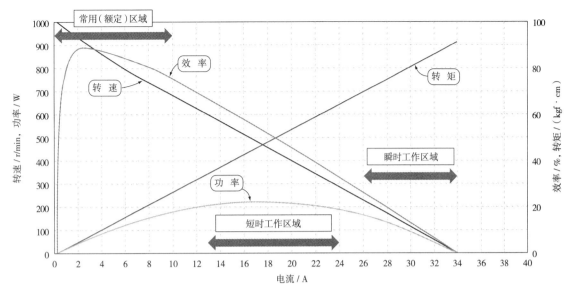

图 8 "CQ 无刷电机和逆变器套件"最基本的 N–I 特性图

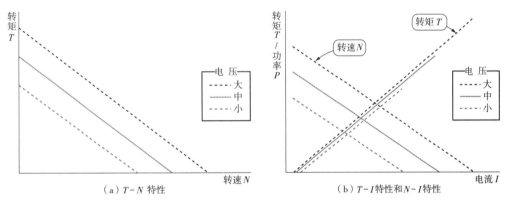

（a）T–N 特性 　　　　　（b）T–I 特性和 N–I 特性

图 9 改变驱动电压时电机特性的变化

们可以从图 9 中读取到下面的信息。

**（1）空载时的转速与电压成正比**

假设电压为 24V，空载转速为 1000r/min。如果让电压升高到 1.5 倍达到 36V，那么电机的空载转速就会变成 1500r/min。这通过实验也可以观测到。但是，在控制器（逆变器）电路中，工作电压是有范围的。因此，相同控制器的电压可变范围就被限定了。而电机有负载时，转速与电压是不成正比的（可以通过图确认）。

**（2）T–N 特性曲线随电压变化而平行移动**

如图 9 所示，电压升高，T–N 特性曲线（说是曲线，原理上近乎直线）就向右上方平行移动。如果知道某一电压下电机的空载（转矩为 0）转速，

就可以知道相应驱动电压下的 T–N 特性曲线。

**（3）驱动电压变化不会改变转矩常数（转矩/电流）**

前面讲过，转矩与电流成正比。这个比值（转矩/电流）就叫做转矩常数（图中的斜率）[①]。即使改变电压，转矩常数也不会改变。

**（4）最大转矩（计算值）正比于驱动电压的增量**

在电机堵转的情况下，流过的最大电流所对应的转矩就是最大转矩。

**（5）最大功率（计算值）与驱动电压的增量的平方成正比**

前文中讲过，理论上电机的输出功率为 $P=2\pi NT/612$。而电机的实际功率为 $P=V^2/R$，也就

---

① 转矩和电机的驱动电压成正比。这个比例为常数，叫做转矩常数。它相当于转矩特性的斜率。$T=Kt \times I$，其中 T 表示转矩，I 表示相电流，Kt 表示转矩常数。

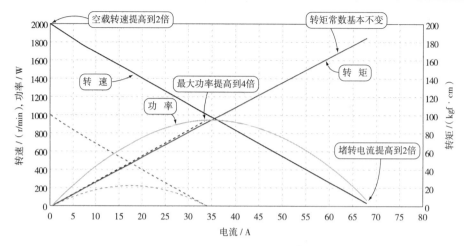

图 10　如果把 CQ 无刷电机的驱动电压从 24V 提高到 48V……

是正比于电压的平方。

　　理论上讲，理想状态下电机的特性都符合上述计算公式。实际上，在平常不会使用的高负载区域，通过施加高电压来驱动电机的话，大电流通过电机，线圈温度上升，磁通量却不会增大，上述特性图中提到的平行移动就会崩溃。而且，即使在这个区域继续增大电流，转矩一般也会逐渐达到饱和，不会继续变大。受线圈电感的影响，电机转速也不再呈直线变化，而是向下弯曲呈曲线。

　　尽管如此，在一般电机所利用的区域（额定区域，将在下文说明），这个原理基本是成立的。提高电压的情况下，流过线圈的电流变大引起的线圈发热是我们必须要关注的，需要考虑线圈的冷却措施（如风冷）。

　　作为上述内容的小结，无刷电机套件的驱动电压从 24V 变为 48V 时，电机的特性图就由图 8 变为图 10 的样子。

### ● 提高电压可以使电机的高效率区域移动

　　提高电机的电压，电机的效率会怎样变化呢？首先，我们来看电机效率 $\eta$ 的定义：

$$\eta = 100 \times \left( P_{\mathrm{OUT}}/P_{\mathrm{in}} \right)$$

式中，$P_{\mathrm{OUT}}$ 表示电机输出功率；$P_{\mathrm{in}}$ 表示电机输入功率。

$$P_{\mathrm{in}} = V_{\mathrm{in}} \times I_{\mathrm{in}}$$

式中，$V_{\mathrm{in}}$ 表示电机输入电压；$I_{\mathrm{in}}$ 表示电机输入电流。

$$P_{\mathrm{OUT}} = 0.1047 \times NT$$

式中，$N$ 表示电机转速；$T$ 表示转矩。

　　因为是交流电路，所以上述电压、电流均为有效值。按照电功率的定义，有效值和直流时一样，同为

$$P = I^2 R$$

$$P = V^2/R$$

也就是说，如果把驱动电压提高至原来的 2 倍，电机的功率（输出功率）就是原来的 4 倍。对于同

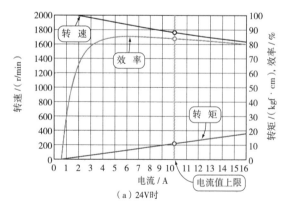

（a）24V时

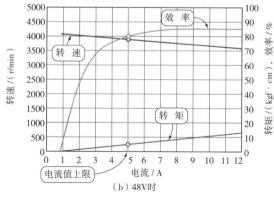

（b）48V时

图 11　改变驱动电压时 的效率推移
笔者所在团队开发的 Ene-1 GP 比赛用 CQ 无刷电机进行调整后的特性

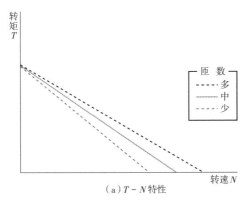

（a）T－N特性

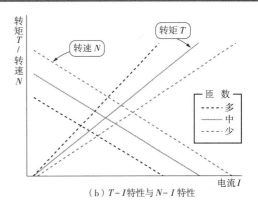

（b）T－I特性与N－I特性

图12　改变匝数时的特性变化

一台电机，驱动电压变化时，用上面的公式可以计算出电机的效率，将这些内容反映在图表中的话，就是图11所示的样子。

这是参加 Ene-1[①]的赛车上使用的 CQ 无刷电机的特性图，进行相应调整后获得的。由图中可以看到，最高效率点会向大功率侧移动。

### ■ 改变线圈匝数会怎样？

#### ● 匝数越多，转速越低，最大功率越小

接下来，我们来看看改变线圈匝数时，电机特性的变化情况（图12）。如果改变线圈匝数（线径相同），就会得到如下特性。

##### （1）空载转速与匝数成反比

电机线圈的匝数越多，转速越低。可能有不少人认为匝数越多，转速会越高。简单来说，匝数越多，电阻（阻抗）越大，电流越不容易通过。

在不接通电源的情况下，转动电机，电机就会变成发电机。这一点，估计很多人都知道（右手定则）。实际上，接通电源，使电机转动时，它也处于正在发电（反电动势）的状态。也就是说，按照右手定则，电机线圈的匝数越多，产生的反电动势就越高，从而阻碍了电流的流动。

例如，无刷电机套件中的电机，在每槽（线圈）匝数为20，施加24V电压的情况下，电机转速约为1000r/min。如果每槽匝数为10，转速就会变成2000r/min。而每槽匝数为5时，电机转速就会变成4000r/min。上述的这些事实，都是可以通过实验来验证的。同时，通过实验你可以很好地理解。另外，由于线圈通过的是交流电，所以相电流的测量很困难，

但是我们可以通过测量电源侧的直流电流来体会。

##### （2）改变绕线方式会怎样

绕线方式，不仅事关一个槽的匝数，还可以有多种选择。多数的无刷电机因为槽（线圈）数与3相相对应，所以是3的倍数（另一方面，永磁体的N极与S极是成对的。因为永磁体的存在，所以电机的极数为2的倍数）。绕线方式有很多种组合，"CQ无刷电机和逆变器套件"中的电机就是18槽、12极。也就是说，在这种情况下，每相有6个槽、6个线圈。这个电机的绕线方式大致有以下4种（图13）：

· 6串
· 3串2并
· 2串3并
· 6并

在实际的应用中，我们都是根据使用需求来选择绕线方式，同时也要通过实验来验证。随意地减少线圈匝数而增加并联数，流过线圈的电流就会大到惊人，同时电源负荷也会增大。我们要充分理解并注意这一点。

在相同的情况下，对6个匝数相同的线圈分别进行串联与并联，6个线圈并联时的电机空载转速是6个线圈串联时的6倍。此时，电机的最大转矩、

（a）6串　　　　（b）3串2并　　　　（c）2串3并

图13　CQ 无刷电机的绕线方式（槽数：18）
　　　此外，还有6并的接法，但因功率过大，用起来并不方便

---

[①] 在铃鹿赛车场举行的使用40节 Evolta 5 号电池的自制电动摩托车比赛。

**照片 4　按不同方式绕制电机线圈，会有意外的惊喜**

最大功率又是怎样的呢？

请对照图 13 仔细思考一下。你应该发现了，线圈并联的情况等同于线圈的截面积变成了原来的数倍。这不是很好吗？如果每个线圈的匝数为 20，那就相当于

- 6 串：120 匝，导线的截面积为原来的 1 倍
- 3 串 2 并：60 匝，导线的截面积为原来的 2 倍
- 2 串 3 并：40 匝，导线的截面积为原来的 3 倍
- 6 并：20 匝，导线的截面积为原来的 6 倍

如果改变线径，电机特性又会发生怎样的变化呢？这在下面进行说明（照片 4）。

**（3）转矩常数与线圈匝数成正比**

如果增加线圈匝数，转矩常数的值（在图中是斜率）就会变大。

**（4）即使改变线圈匝数，最大转矩也不变**

由图 12（b）可知，即使改变匝数，最大转矩也不变。

**（5）最大功率与线圈匝数成反比**

如前文所述，电机匝数增加，会因内阻（阻抗）增大而变成小功率电机。

如果把 CQ 无刷电机的线圈匝数减少为标准规格的 1/2（也就是 10 匝），这时的电机特性曲线如图 14 所示。

### ■ 改变线圈线径会怎样?

#### ● 线径加大，功率就会增大，效率也会提高

在线圈匝数相同的情况下，改变线径，电机特性的变化如图 15 所示。改变线径，线圈的电阻值就会变化。由于电阻值变化，转速为零时的电流值，也就是堵转电流就会随之变化。例如，加大线径（用粗线绕制），电阻值就会下降，堵转电流就会增大，也就是输入功率的最大值增大。电机特性的变化：

① 最大功率增大

② 效率提高

这是因为在负载电流相同的情况下，线圈上的电流损失（铜损）降低了。上述结论是基于电机在额定区域工作的情况得出的。

#### ● 驱动电压与电机规格没关系

这里还有一个重要情况。那就是，通常情况下，我们在改变电机线圈匝数的同时，也会改变线径。例如，我们想把线圈匝数减少一半，在线径相同的情况下，电机特性的变化表现为图 14 所示的状况。但是，线圈匝数减少一半时，原来绕线空间就空出了一半，这就浪费了。因此，我们可以使用更粗的导线（截面积提高到 2 倍），以填补绕线空间的空余。这时，电机就具备了图 15 所示的特性。其结果是，

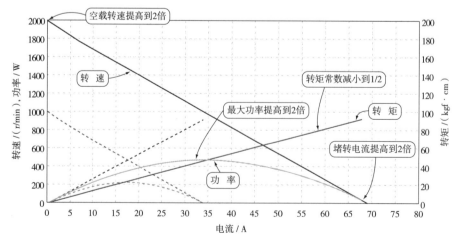

**图 14　如果把匝数从 20 降到 10，则转速提高到 2 倍**

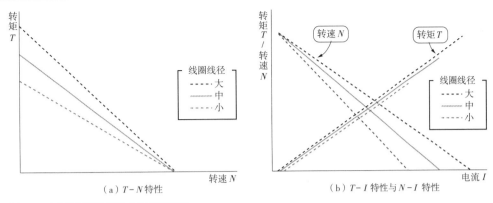

（a）$T$–$N$特性 　　　　　　　（b）$T$–$I$特性与$N$–$I$特性

图15　改变线圈线径时的电机特性变化

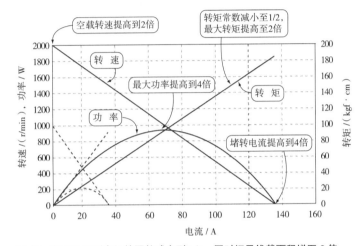

图16　将CQ无刷电机的匝数减少到1/2，同时把导线截面积增至2倍

2 倍电压时的 $T$–$N$ 特性与 1/2 匝数时的 $T$–$N$ 特性完全相同，如图16所示。这是在 CQ 无刷电机上获得的结论。

上述内容非常重要。在设计电机的时候，把驱动电压设计为多少伏都无所谓（虽然有点极端）。对于额定电压为 24V 的电机，电源设计成 12V 也好，设计成 30V 也好，无论电压为多少伏，电机都有相同的 $T$–$N$ 特性。而且不论是哪个电压，电机的发热量和效率都是不变的。

### ■ 改变磁通会怎样？

#### ● 磁路与磁通

到目前为止，我们对电机的磁路和磁通知识讲得不多。电机使用磁力，作为决定电机特性的要素之一，电机的磁力参数也是要关注的内容。其中，特别重要的参数是磁通。磁力看不见，摸不着，直观上难以理解。但是，用过指南针的人想必都知道，

磁场是有方向和强弱的。因此，这里引入具有方向性的磁通概念。磁通就是表示磁场强度和方向的磁力线（磁通量）。磁力线的数量表示了磁通的大小（标量），单位是韦伯（Wb）。

$$1\text{Wb}=1\text{V}\cdot\text{S}=1\text{kgm}^2\text{s}^{-2}\text{A}^{-1}$$

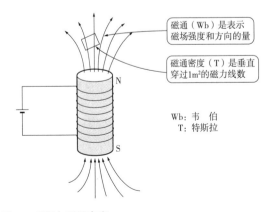

图17　磁通与磁通密度

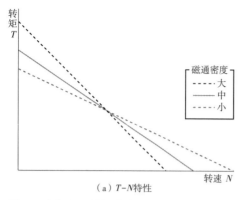

（a）T-N特性

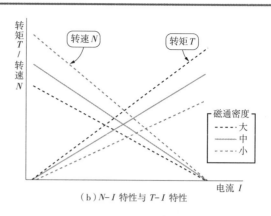

（b）N-I 特性与 T-I 特性

**图 18　改变磁通时的特性变化**

磁通密度的单位用字母 T（读作特斯拉）来表示（图 17）。

$$1T=1Wb/m^2$$

怎样才能改变电机的磁通呢？一般情况下，影响磁通的主要因素如下：

· 磁铁
· 线圈的铁心
· 永磁体的材质
· 气隙大小（铁心和永磁体之间的距离）
· 轴向尺寸（叠厚）

比照电流流通的回路，我们把磁通的回路叫做磁路。磁通是向四面八方发散的，实际影响电机转动的磁通叫做有效磁通（或者有效磁通密度）。

● **如果增大有效磁通……**

图 18 显示了改变有效磁通时，电机特性的变化趋势。此时的电机特性变化如下。

（1）增大有效磁通，电机特性为低转速、高转矩

使用磁力强的永磁体，或者减小气隙，就会增大有效磁通。有效磁通增大，则电机的旋转速度变慢，转矩又会增大。这一点，我们可以通过左手法则来理解。

（2）空载转速与有效磁通成反比

也就是说，如果有效磁通变为原来的一半，空载转速就会变成原来的 2 倍。

（3）最大转矩、转矩常数（转矩 / 电流）与有效磁通成正比

如果有效磁通变成原来的 2 倍，最大转矩、转矩常数就会一同增至原来的 2 倍。

（4）即使有效磁通变化，最大功率也不改变

即使有效磁通量增至原来的 2 倍，电机的最大功率也不发生变化。

● **有效磁通会在某处达到饱和**

这里必须注意的是，通过铁心磁路的磁通量是有上限的。凡是通过磁性材料的磁通都有上限，并不是无限大的。这个指标被称为饱和磁通密度。

铁心上产生的损失（铁损）与磁通密度的平方成正比。所以，磁通密度设定过高，会引起电机发热（铁损增大）和效率降低。使用磁力强的稀土磁铁不一定就获得性能很好的电机。一般来说，硅钢片的磁通密度达到 1.6 ~ 1.8T 就可以了。

■ **线圈规格与电机效率的再探讨**

在本文的后面，以 "CQ 无刷电机和逆变器套件" 中的电机为例，我们详细讲解了电机线圈规格与特性变化之间的关系。在这里，我们对此前未进行说明的电机效率的变化进行总结，其结果如图 19 所示。图中显示的是用 24V 电压驱动时的电机特性。

图 19（a）和（b）中每相（串联的）线圈的匝数都为 120，可见基本特性相同。但是，图 19（b）代表的电机，由导线高密度地绕制而成（线径为 0.9mm、每槽 40 匝、3 串 2 并），所以线圈电阻比每槽 20 匝、6 串的图 19（a）中的电机要低。因此，其最高效率、最大转矩均超过了图 19（a）代表的电机。虽然绕线需要花费时间，但这是提高电机效率的有效手段。几种情况均表明，驱动电流约为 3A 时，效率最高。

也可以说，在功率为 24V × 3A 的情况下使用电机，经济性最好。

图 19（c）显示的是每相线圈匝数为 60（20 匝，3 串）的电机特性。虽然线圈匝数为图 19（a）代表的电机的 1/2，但电机的空载转速为图 19（a）代表的电机的 2 倍，最大效率点移至 9A 左右，适合在负载为 200W 时使用。

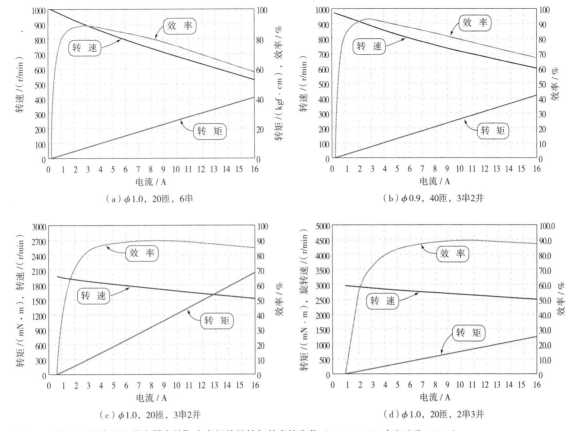

（a）φ1.0，20匝，6串

（b）φ0.9，40匝，3串2并

（c）φ1.0，20匝，3串2并

（d）φ1.0，20匝，2串3并

图 19    "CQ 无刷电机和逆变器套件"中电机的特性与效率的变化（24V，PWM 占空比为 100%）

图 19（d）显示的是每相线圈匝数为 40 匝（20 匝，2 串）的电机特性。与图 19（a）代表的电机相比，线圈匝数减少到 1/3，空载转速提高到 3 倍，最高效率点在 11A 附近，适合在负载为 240W 时使用。

**笔者介绍**                                     内山英和

MITSUBA 株式会社 SCR$^{+}$ 项目

1981 年，群马大学工学部电子工学科毕业。同年 4 月，加入 MITSUBA 株式会社。

从事两轮赛车用 ACG（发电机）的开发。为节能行驶比赛、太阳能车比赛开发驱动用电机。现在正从事各种赛车用电机的开发工作，专业为自制 EV 开发特殊的 ACG/电机。开发出的产品多次用于世界级比赛的冠军队。

两轮车：WGP 赛、铃鹿 8 小时耐久赛、法国勒芒大赛、巴黎—达喀尔拉力赛。

太阳能车：WSG 赛、铃鹿、南非。

兴趣：休闲车（汽车、摩托车、PC 车）和 EV 制作。

星座：巨蟹座。

血型：A 型。

# EV 比赛用电机的设计和调试

## ——降低铁损和铜损，实现高效率

〔日〕内山英和　执笔｜罗力铭　译

在本文就自制 EV 比赛用电机的设计和调试进行讲解。就像我们反复强调地那样，电机是将相互关联和影响的电能和磁能转换为机械能的装置。要让电机毫无损耗、高效率地工作，其实并不是一件简单的事。另外，电机的设计、制作也会影响和限制电机的特性范围。在电机特性范围中，既存在可以高效率运行的区间，也存在运行效率差的区间。电机效率变差的原因是在某处存在某种损耗。说到电机的损耗，有铁损、铜损及其他各种各样的损耗，它们的发生原理和应对策略是各不相同的。

（编者按）

不同的比赛形式对 EV 比赛用电机的要求也是不同的。例如，以 EV 节能行驶比赛和太阳能车比赛为代表的比拼节能性的比赛，与学生方程式 EV 锦标赛这一类比拼动力的比赛，参赛 EV 用电机是完全不同的。此外，还有以派克峰国际爬山赛[①]（美国）、曼岛 EV 摩托车赛（英国）为代表的追求极限的比赛。总而言之，EV 比赛类型是多种多样的（照片 1 ~ 照片 3 ）。

## EV 比赛用电机设计的基础知识

本章要讲解的是，如何设计和调试自制 EV 用电机。说到这里，其实在参加 EV 比赛，并且想要获得好成绩的很多人当中，有过制作电机的经历的人很少。因此，估计很多人都对适用于比赛的电机怎么选、选好的电机怎么调试等内容保持着较高的关注。然而，不论是电机的选型，还是电机的调试，我们要了解这些内容的前提是，已经很好地掌握了电机设计的步骤及基础知识。

### ■ EV 比赛用电机的开发步骤

自制 EV 的电机设计，基本步骤如图 1 所示。图 1 为 2000 年开发太阳能车比赛专用 DD 电机时整理的思路。

当时，太阳能车使用的电机中，有一些是 DD 电机。它的价格特别贵（数百万日元 / 台），因此，有很多车队用的是减速电机（专栏 A）。链条减速产生的损失（磨损）很大，颇受关注。在定速行驶占主要地位的节能比赛中，DD 电机承载了很多期待。

**照片 1　世界节能行驶比赛中的 EV**
比赛于每年 5 月在秋田县大泻村举行，照片中是 2015 年的冠军——TTDC 队的"MONO-F"

**照片 2　学生方程式锦标赛中的 EV**
比赛于每年 9 月在静冈县举行，照片为 2015 年的冠军——静冈理工大学队的"SFP14EV"

**照片 3　派克峰国际爬山赛的 EV**
比赛于每年 7 月在美国科罗拉多州山区举行，从海拔 2862m 处朝山顶开跑，终点海拔为 4301m。在 2015 年的比赛中，EV 超过燃油汽车获得冠亚军。照片中的车辆为日本籍车手田嶋伸博驾驶的"E-RUNNER CONCEPT 1"（来源：日本电动汽车普及协会）

---

① Pike Peak International Hill Climb, PPIHC。——译者注

● 普通减速电机的设计思路( UNIQ )

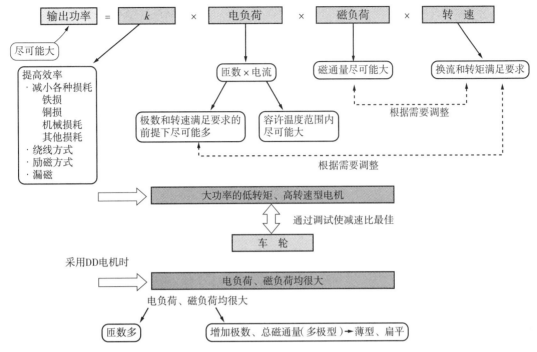

图 1　电机设计的基本步骤与思路

在图中，出现了"负荷"这样一个难于理解的词汇。首先，我们来看看什么是"电负荷"和"磁负荷"。

## ■ 电负荷与磁负荷

### ● 改变机械能输出的 3 个参数

电机是将电能转换为力学（机械）能量[1]的装置。设计电机时，实现电机机械能的输出，必须要考虑的参数有以下 3 个。

· 电负荷（Electric Loading）：流过线圈的电流 × 匝数（At）
· 磁负荷（Magnetic Loading）：每极有效磁通量，或气隙平均磁通量（Wb 或 T）
· 转速（Revolutions）：电机的旋转速度

通过图 1 我们不难看出，电机的设计其实都是围绕这 3 个参数进行的。

让电能和磁能发挥出作用，并将它们的作用有

---

**专栏 A　减速电机与 DD 电机**

一般，电机的输出功率通过齿轮—链条或皮带减速，进行目的做功。

上文讲过，电机规格在一定程度上影响着电机的转矩和转速。高效、稳定的转矩和转速的范围是很窄的（发动机更窄），而且在高转速区域内，实际上经常会使用齿轮等来减速。我们把这样的电机叫做减速电机。

与之相对应，直接通过自身的输出轴，利用电机自身的转速、转矩来做功的电机，我们称之为 DD[2] 电机。实际使用的电机中，DD 电机的占比是很低的。但是，在节能比赛中，DD 电机发挥着不可小觑的威力。

---

① 力学能量（Mechannics Eneger），在汽车等机械工业领域中，也叫"机械能"。本文中提到的机械能由动能和势能两种能量构成。
② Direct Drive，直接驱动，简称"直驱"。

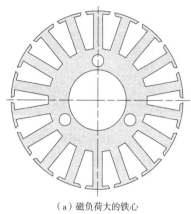

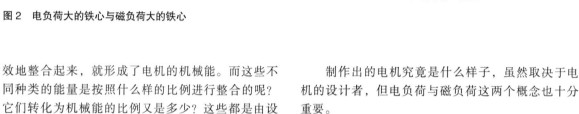

（a）磁负荷大的铁心　　　　　　　　　　　　　　　　（b）电负荷大的铁心

图2　电负荷大的铁心与磁负荷大的铁心

效地整合起来，就形成了电机的机械能。而这些不同种类的能量是按照什么样的比例进行整合的呢？它们转化为机械能的比例又是多少？这些都是由设计电机的人来决定的。而且，这些能量之间有着互偿关系，可以进行任何形式的组合。

● 电负荷为"线圈匝数 × 电流"

所谓电负荷，顾名思义，就是与电能相关的参数（要素），也叫做电机的"电要素"。在电路中，电流流过线圈时，线圈内的铁心产生磁力。磁力的大小与线圈匝数及流过的电流大小有着密切的关系。"线圈匝数 × 电流"就是我们说的"安匝"值，单位是"At"，不能写成"A·t"。

● 磁负荷为"有效磁通"

磁负荷是电机的"磁要素"，表示流过线圈的电流与磁通之间的相互关系，也可以理解为磁路中的磁力（有效磁通）。永磁体励磁型无刷同步电机的磁负荷，与磁场强度、磁路中的磁通量有关。

● 电负荷与磁负荷的变化会影响电机

可能有些抽象。这句话在电机设计中意味着什么呢？我们来看看图2。它展示的是外转子型无刷电机的铁心（绕线的铁心）（模仿"CQ无刷电机和逆变器套件"的形式）。图2（a）为磁负荷大、电负荷小的电机铁心。图2（b）为电负荷大、磁负荷小的电机铁心。它们都可以满足我们对电机性能的需求，如达到某种转矩和转速。但是，作为电机特性，效率被诸多因素所左右。因此，两者构成的电机的特性曲线是不同的。而且达到同样的性能要求，它们的规格（大小和质量）也是不同的。

制作出的电机究竟是什么样子，虽然取决于电机的设计者，但电负荷与磁负荷这两个概念也十分重要。

● 如何决定电机的转速

转速这个指标也是与电负荷、磁负荷相互关联的。

例如，有效磁通越大（磁负荷越大），转速越低；磁通越小，转速越高。另外，如果铁心材质为钕等稀土元素，是强力磁铁，则电机转速会变低。（是不是很惊讶？怎么会更慢呢？）

在电负荷与转速的关系中，线圈匝数越多，转速越低；匝数越少，转速越高。也就是说，电机线圈的匝数变多，就会使之变成低速电机。

● EV 比赛用电机的设计思考

回到 EV 电机设计与制作的话题。

电机的输出功率与电机的 3 个要素的乘积成正比（实际上还包含一个常数）。说起来简单，而这在电机设计中是需要解决的一个难点。因为电机的 3 个要素无法单独确定的，三者之间是相互关联和影响的。

例如，我们来看看电负荷与磁负荷。如图 2 所示，铁心的外径和线圈槽的数量都是相同的。由于是外转子电机，所以它的槽口向外。图 2（a）中铁心的凸极（绕线的部分）较宽，而图 2（b）中的相同位置较窄。前面我们讲过，不管用哪一种铁心都可以制作出电机，但是做出来的电机会有什么样的差别呢？

图 2（a）中的铁心，磁路宽，通过的磁通（来自永磁体的磁通和线圈电流产生的磁通）多。我们把这叫做"磁负荷大"。但是，由于凸极较宽，用于绕线的空间就变窄了。相反，图 2（b）中的凸极

较窄, 用于绕线的空间很充足, 线圈可以使用更粗的导线绕制。也就是说, 与图 2(a)正好相反, 图 2(b)的"电负荷大"。

像这样, 以铁心这一个点来考虑, 电负荷与磁负荷为此消彼长的关系。

● 负荷分配对电机的影响

前面我们提到, 电机的输出功率是由"电负荷 × 磁负荷 × 转速"决定的。通常电机的体格(电机的大小或体积)是受其安装位置限制的。因此, 在电机设计中, 如何找到这些要素之间的平衡点非常重要。我们把寻找平衡点叫做电机"负荷分配"。而如何进行分配, 就要看电机设计者的技巧了。

此外, 电负荷大的电机(发电机也一样)叫做"铜机", 磁负荷大的电机叫做"铁机"。在电机设计中, 如何将相互关联和影响的设计参数进行组合是非常重要的。要根据使用目的, 来改变参数之间的平衡。例如, 汽车发动机启动时使用的启动机, 其电机设计偏重磁负荷; 像万宝至马达生产的用于模型的小型电机, 它们的设计偏重电负荷。

这是因为, 只有在高速旋转的状态下, 汽车发动机才能启动。而对于发动机来说, 低速旋转是很困难的(无法延缓汽缸内爆燃的发生速度)。启动机的作用, 就是在很短的时间内让发动机高速旋转起来, 这就要求电机瞬间提供给发动机大转矩和高转速。为此, 汽车启动机上的线圈只有寥寥数圈而已(工作时间十分短暂, 电机是不会烧坏的)。而模型用电机, 考虑到儿童使用时的安全性, 即使是在通电状态下堵转也不会起火。因为它的电负荷很高。也就是说, 线圈匝数越多, 内部阻抗越大, 大电流无法通过, 从而使电机不会被烧坏。模型用电机采用的是这样一种设计(当然, 其代价就是电机转速受限)。

● EV 比赛用电机的负荷分配

接下来, 看看 EV 节能比赛用的电机, 它的负荷该如何分配?

这里关注的, 既不像汽车启动机那样重视的是磁负荷, 也不像模型用电机那样重视的是电负荷。

那么, 如何来进行电机的负荷分配呢? 节能比赛用电机, 应该考虑电负荷(特别是线圈匝数)与转速之间的相互影响, 然后根据其结果来决定电机的负荷分配。

■ 电机的容量与体格

● "电机容量"与"输出功率"相同?

在表示电机规格的术语中, 我们会使用到"电机容量"这个词。一般情况下, 电机容量被认为是电机的输出功率。但是, 输出功率的单位是 W(瓦特), 而电机容量的单位是 kV·A(千伏·安)。严格意义上讲, 这两个术语所包含的意义是不同的。

在本书中也曾经提到, 改变施加给电机的电压和线圈导线规格, 会导致电机的输出功率发生很大的变化。例如, "CQ 无刷电机和逆变器套件"中的电机, 其输出功率的可调节范围是 50W ~ 3kW。这个范围虽然也是电机的一个指标, 但我们需要另一个指标来表示电机本身所具备的潜力。这个指标就是电机容量。

● 电机比容量 ＝ 电机容量 ÷ 转速

有的文献中使用了"(电机)比容量"一词(《电气工程学手册》, 欧姆社)。电机容量除以电机转速就得到电机比容量[kV·A/(r/min)]。我们用电机比容量来表示刚才提到的电机本来具备的潜力, 理解起来会更容易一些。

综上所述, 即使是同样的电机, 通过调整参数, 它的输出功率就会发生很大的变化。而且, 无一例外都提高了转速。

这里顺便提一下, 电机的体格(大小)也决定了电机的转矩。因为提高电机功率就是要提高电机转速。也就是说, 无论怎么调整, 使得电机的输出功率增大或减小, 但平均到每转上的容量, 如果用比容量来考虑, 电机的潜能几乎是不变的。

举例来说, 就像发动机的排气量。即使是排气量相同的发动机, 也可以通过调整改变其输出功率。从大的方面来理解, 就是排气量与发动机特性的关系。

● 改变电机的体格(大小), 电机容量会发生什么样的变化?

电机所具有的潜能究竟是什么? 如果这个潜能真的存在, 它与电机的体格又是怎样的关系? 接下来, 我们来研究电机容量与电机体格之间的关系。

关于电机体格与电机容量的关系, 可以在很多文献或书籍中找到相应的讲解(如:《电机设计学》, 竹内寿太郎, 欧姆社)。

在这里, 笔者以上述书籍中多达两三页的内容进行整理, 并在此基础上加入前面反复提到的"电负荷""磁负荷", 以期能让读者更清楚明了地理解相关的内容。

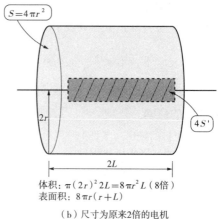

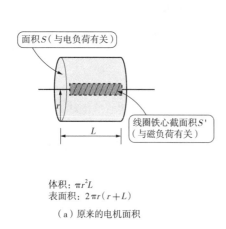

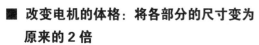

体积：$\pi r^2 L$
表面积：$2\pi r(r+L)$

（a）原来的电机面积

体积：$\pi(2r)^2 2L=8\pi r^2 L$（8倍）
表面积：$8\pi r(r+L)$

（b）尺寸为原来2倍的电机

图3　电机各部分的尺寸变为原来的2倍时

### ■ 改变电机的体格：将各部分的尺寸变为原来的2倍

我们来看看改变电机体格的具体实例。首先，我们将电机各个组成部分的尺寸（长、宽、高）变为原来的2倍（图3）。

**（1）电负荷**

铁心尺寸变为原来的2倍，也就是说铁心面积为原来的4倍，可以用于绕线的空间也变成了原来的4倍。假设线圈匝数保持不变，线圈截面积变成原来的4倍，在电流密度不变的情况下，流过线圈的电流是原来的4倍。也就是说，电机的电负荷为原来的4倍。

**（2）磁负荷**

电机尺寸变为原来的2倍，铁心的截面积变为原来的4倍。如果电流密度和通过铁心的磁通密度不变，则铁心通过磁通的能力为原来的4倍。电机的磁负荷也为原来的4倍。

由以上可知，与原来相比，尺寸变为2倍的电机，它的输出功率（准确来说应为电机具备的输出功率的潜力，即容量）为$4\times4=16$倍。也就是说，10kW的电机，如果尺寸变为原来的2倍，输出功率就会变成160kW。

当然，电机各部分的尺寸变为原来的2倍的话，它的体积为原来的$2\times2\times2=8$倍。电机的体积变为原来的8倍，在各个部分材料不变的情况下，电机的质量、材料成本应该也是原来的8倍。

也就是说，我们用8倍的材料，获得了16倍的电机容量。这很划算吧？

### ● 为什么电机的体格越大，效率越高？

电机的体格变为原来的8倍，那么它的损耗会发生什么样的变化？

假设它的铜损和铁损不变（因为电流密度、磁通密度没变），则电机的损耗与质量也是原来的8倍。

到这里，我们知道：电机容量（功率）增大到16倍，电机损耗增大了8倍。因此，电机的体格越大，效率就越高。

这也是工业电机大部分又大又重的原因。同时也可以解释为，电机越大、越重，就越容易获得高效率。

### ● EV 用电机并不具备体格优势？

电机的体格越大，效率越高。那么，EV上使用尺寸更大的电机不就可以了吗？这里，汽车用电机与 EV 用电机的区别就出现了。前面我们就提到过，搭载在汽车上的电机，它本身的质量会消耗能量。因此，就算电机的效率再高，质量增大导致能量消耗增大，大体格的电机并不适合搭载在汽车上。

电机的种类有很多，在某种意义上也可以说，汽车用电机都是经过特别设计的。也可以说，正是因为汽车用电机存在体格、形状、质量等诸多限制，才在这诸多限制中获得了进化。

### ● 大体格电机的发热问题

电机体格越大，效率越高。同时，也存在发热的问题。

各部分尺寸为原来2倍的电机，其表面积为原来的$2\times2=4$倍，散热面积也是原来的4倍。

这是一个严峻的问题。想一想看，电机容量为原来的16倍，损耗（发热）为原来的8倍，而散热

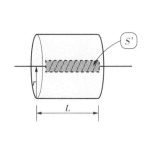
（a）原来的电机大小

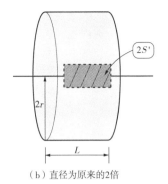
（b）直径为原来的2倍

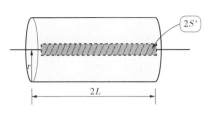
（c）轴长为原来的2倍

图4　体格比较

面积只有原来的 4 倍。很明显，电机的冷却是不充分的，电机温度会升得更高。

因此，为了应对电机的发热，就需要增加散热风机或者水冷设备等。尽管如此，电机的散热问题依然是一个课题。

### ■ 电机的外径、轴长、容量

#### ● 外径与轴长以及 $D^2L$ 说与 $D^3L$ 说

电机是一个拥有悠久历史的装置，但直到现在仍然有很多谜题未解。与天文学中的"三体问题"一样，电机涉及电、磁、力学三大与能量相关的问题，它们之间的关系错综复杂。在这里，我们来探讨一下与电机体格／容量相关的话题。说到电机体格，重要的并不是体积容量。因为，即使体积容量相同，也还存在外径与轴长两个影响要素。

在电机领域，存在着 $D^2L$ 说：电机的容量与直径（准确地说，应该是电机的转子与定子之间存在的气隙的直径）平方成正比，与轴长（准确地说，应该是铁心的长度）成正比。实际上，还存在着 $D^3L$ 说。笔者认同的是后者。但是，这又与电机的种类和容量有关，并不能断言哪种说法正确，哪种说法不正确。从笔者使用过的电机来看，更接近 $D^3L$ 说。

这是一个很有趣的话题，下面结合电机的体格问题（直径、轴长）进行简单说明。

### ■ 改变电机的体格：改变直径与轴长

#### ● 直径为原来的 2 倍，轴长不变时

图 4（a）与（b）显示了电机体格的差别。首先，我们从电负荷与磁负荷角度来推理。

直径为原来的 2 倍时，电负荷为原来的 4 倍。再来看磁负荷，直径变为原来的 2 倍，铁心的截面积（磁路的截面积）在径向上变为原来的 2 倍，在轴向上面积不变。也就是说，磁负荷变成了原来的 2 倍。

电机容量变为 4 × 2=8 倍。

#### ● 直径不变，轴长为原来的 2 倍时

接下来，我们让直径保持不变，将轴长变为原来的 2 倍［图 4（c）］。这就是笔者制作电机时经常使用的"积厚向上"方法。这种情况下，电机容量会发生怎样的变化？

首先，电负荷因直径不变而不会发生改变（因为绕线空间不变）。

磁负荷因轴长变为原来的 2 倍（磁路截面积为

体格大的电机的效率高，但是会导致 EV 变重……

电机的体格增大，而散热能力未能增大时……

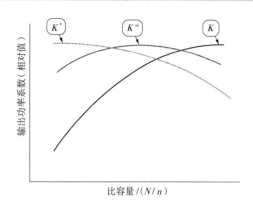

**图5  输出功率系数的变化趋势**
《电气工程学手册》，日本电气学会编

原来的 2 倍）增至原来的 2 倍。

因此，电机容量为原来的 $1 \times 2 = 2$ 倍。

综上所述，电机容量与 $D^3L$ 成正比。当然，我们也同样要考虑电机的散热措施。

● 对 $D^2L$ 说的考察：对象电机不一样？

前面提到，电机容量与 $D^3L$ 成正比。而一般情况下，$D^2L$ 说更占主流。推测其原因，就在于电负荷的计算方法不同。在以往的有刷电机及感应电机上，绕线空间在某种意义上是被限定的。

例如，在有刷电机上，即使直径变成了原来的 2 倍，绕线空间也不会简单地就变成原来的 4 倍。因为在有刷电机上，铁心圆周方向上的尺寸虽然可以变成原来的 2 倍，但是径向尺寸几乎是改变不了的。

另外，感应电机也一样。在分布式线圈中，嵌线深度过大导致连接线增加。这除了会引起的弊害（质量、体积增大，效率降低），还会引起线圈感应出现差异（距离铁心中心近的线圈比距离表面近的线圈的感应更强）等问题。

还有，工业领域中使用的大型电机也是一样的。即使加大了转子的直径，线圈还是安装在靠近其表面的位置为好。这就使得电机在圆周方向上变大，而在径向上几乎不变。

这样一来，电负荷就不是与 $D^2$ 成正比，而是与 $D$ 成正比了。同时，磁负荷也与 $D$ 成正比。因此，变成了容量 $N$ 与 $D^2L$ 成正比.

就电机的规模（体格）而言，如果以笔者使用过的无刷电机（同心绕线）为考察对象，则 $D^3L$ 说更有说服力。

● 电机容量与电机体格的关系有着诸多学说

《电气工程学手册》（日本电气学会编）记载

的名为输出功率方程的公式中，也有关于电机容量的内容。详情如下：

$$N = KD^2L^n \qquad (1)$$
$$N = K'D^3L^n \qquad (2)$$
$$N = K''D^xL^{yn} \qquad (3)$$
$$(2.0 < x < 3.0, \ 1.0 < y < 1.5)$$

式中，$N$ 表示输出功率（kW）或容量（kV·A）；$D$、$L$ 分别表示电枢铁心直径、长度（m）；$K$、$K'$、$K''$ 表示各种学说的输出系数。关于输出系数，其变化趋势如图 5 所示。

式（1）为 $D^2L$ 说，式（2）为 $D^3L$ 说。通过对图 5 中两种学说的比较可知，比容量小的区域内（小型电机）$D^3L$ 的系数基本不变，$D^2L$ 的系数变化幅度大；相反，在比容量大的区域（大型电机）内，$D^2L$ 的系数变化幅度反而变小了。式（3）是对两种学说进行改良后得到的，它能套用在不同的电机上，可以认为在某一区域内具有通用性。

这段描述也是笔者推荐 $D^3L$ 说的根据所在。

---

## 能量的行踪：电机的损耗发生在何处？

### ■ 从电机的特性图中可以找到损耗的所在

本文的开头提到了电机的开发思路。同时，也探讨了电机的电负荷与磁负荷及转速。关于图 1 所示计算公式中的系数 $k$，如果提高它的值，电机效率就会提高，这当然很重要。同时，我们也必须致力于减小电机的损耗。实际上，电机驱动时会产生各种各样的损耗。这些损耗会影响电机特性图中的哪些区域？这也会对电机的效率产生很大的变化。

我们曾经对电机的损耗进行过讲解。在这里，我们来看看在电机内部，能量的行踪又是怎样的。电机是一个能量转换装置（电能↔机械能），我们参照图 6 了解一下这些能量都是怎么变化的。图中的横轴为电流值。

● 输入能量 – 输出能量 = 损耗

图 6 表示的是恒定电压条件下的能量使用情况。横轴为输入电流（$I$），纵轴为转速（$N$），转矩（$T_q$）、效率（$\eta$）、输出功率（$P$）也都分别表示了出来。另外，右侧纵轴表示输入功率（$P_i$）。

·输入能量为向右上方倾斜的直线

输入能量为电压 × 电流，即

$$P(W) = E(V) \times I_a(A)$$

这在图中为通过原点的斜率为 $E$ 的直线。它代

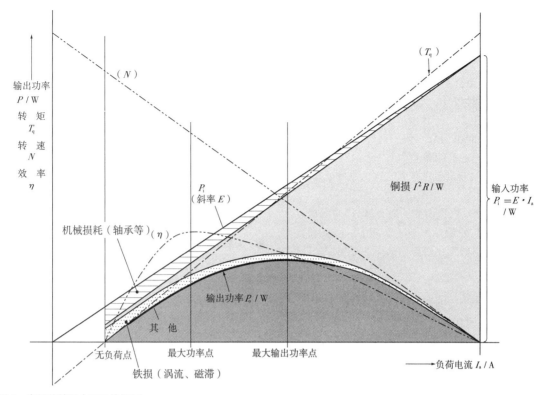

图 6　电机特性图中可见的损耗

表的是输入到电机的能量（右侧纵轴）。电机的效率为 100% 的话，输入到电机的所有能量都将全部转化为机械能。在这种情况下，电机的基本特性（对输入电流）如下：

・转速为向右下方倾斜的直线
・转矩为向右上方倾斜的直线

（纵轴的刻度与表示能量的刻度是不同的）

输出能量与转速和转矩的乘积成正比：

$$P（W）=2×π×N（r/min）×T（kgf·cm）/612$$

看到这里，有人可能会问，为什么上式中出现了 "612" 这个数字？该公式中采用的单位不是 N·m，而是 kgf·cm；r/min 不是每秒，而是每分钟的转速。为了统一单位，就出现了 "612" 这个数字。即：

$$1kgf=9.8N,\ 1r/min=1/60\ r/s,\ 1m=100cm$$
$$P=9.8×F×2×π×r×N/（60×100）$$
$$F×r=T$$

通过单位转换，就导出了上式。在这里：

・输出能量的曲线是以堵转电流（转速为 0 时的电流值）的 1/2 处为顶点的抛物线
・损耗就是刚才说到的输入功率（通过原点的斜率为 E 的直线）和抛物线之间的差距（图中灰色区域）

下面，我们对损耗进行进一步的分解。

### ■ 能量损耗的再考察

电机中较大的能量损耗是铜损和铁损。对于这一点，我们曾经说过，重要的是它们之间的比例。究竟哪个大、哪个小，很难简单说清楚。如图 6 所示，负载电流（$I_a$）的变化会引起各类损耗的变化。

### ● 电机堵转时，能量 100% 以铜损的形式被消耗

举个极端的例子，电机堵转时，转矩达到最大值，但转速为 0。也就是说，即使转矩达到最大值，电机的输出功率也为 0。

那么，此时电机的输入功率又是怎样的呢？通过图 6，我们得知，因为电流为最大值，输入功率也达到最大（电机无法消费更多的功率时，则为最大值）。

输入能量为最大，输出能量为 0，这是怎么一回事呢？这就是说，电机的效率为 0，输入到电机的能量，100% 都以热的形式被白白浪费掉了。而这里的热，100% 都是铜损所产生的，也就是电机线圈产生的焦耳热（严格意义上讲，包括线路在内的整个电路产生的焦耳热）。

电机堵转或电机过载时产生的热,最终导致电机烧坏,都是因为这里提到的焦耳热。

### ● 电机无负载时的损耗中,铁损占据主导地位

相反,电机无负荷时又会怎样呢?无负荷时的状况正好与堵转时相反,电流 $I_a$ 为最小值(无负荷电流),转速最大(无负荷转速)。因为电流为最小值,输入到电机的电能也为最小值。这时,电机损耗并不为 0。电机输出的转矩虽然为 0,也没有做功,但是消耗了维持其自身转动的能量。这个能量就是"无负荷损耗"。

在这个损耗中,铁损占据了绝大部分。前面提过,频率越高,电机的铁损越大;频率为 0(堵转)时,铁损也为 0。铁损的变化趋势与铜损正好相反。

### ● 其他损耗

在电机的损耗中,铜损与铁损是最具代表性的。除此之外,还有消耗输入到电机的能量的损耗,虽然它的值很小。例如,轴承上产生的机械摩擦导致的损耗(机械损耗);转子转动时,与空气之间摩擦而产生的"风损"。

本文的研究对象为无刷电机,无刷电机的损耗大概就是这些。如果是有刷电机,则还存在电刷与换向器之间的摩擦阻力,这也是产生损耗的一个重大要素。在电刷部位,为了控制换流时产生的火花,使用弹簧压迫电刷,使之与换向器紧接触,这时产生的摩擦阻力会变得很大。

有刷电机的缺点,除了电刷(有机械磨损)的寿命和电刷粉末的影响之外,还有刚才讲到的摩擦阻力引起的损耗,导致电机效率降低。

## ■ 无负荷转速与堵转电流

### ● 无负荷转速与堵转电流决定了电机的特性?

因为电机存在刚才提及的损耗,电机的特性呈以下特征:

· 最大输出功率时的电流值为电机堵转电流的 1/2

· 最大效率时的电流值为最大输出功率时的 1/2

将上述两点粗略概括起来,就是

· 最大输出功率时的电机效率,大概为最高效率的 50%

之前听这种说法,但不知道其中的理由。而从笔者进行的电机实验的结果来看,确是如此。

这一点,实际上对电机的特性推测是一个重要暗示。也就是说,即使不使用专门的测试设备,也可以大概推测出电机的特性。具体来说,只要实际测量出

· 电机的无负荷转速

· 堵转电流

这两个值,就可以大致推测出电机的特性。那么,我们来实际计算一下吧。

### ● 无负荷转速的测量使用转速仪

转速的测量,一直以来都是比较困难的。上文提到,现在已经可以通过网购平台买到非接触式转速测量仪(转速计)。它们大多是在旋转体(轴或转子部分)粘贴反光贴,通过计算照射激光的反馈次数来测量转速。

### ● 堵转电流的测量要在低电压状态下进行

接下来,我们来看堵转电流的测量。其实,没有必要强制性地让电机处于堵转状态。前面讲过,电机堵转时的发热最多,有烧坏电机的危险。另外,电流过大也可能损坏控制器。

我们可以将电压降低到仪器可以测量到的最小值(如 2~3V),同时测量这个电压施加到电机 2 线之间时的电流值,这样就可以计算出线圈电阻。无刷电机堵转时,除了电机线圈电阻,还有控制器上 2 个 MOSFET 的通态电阻。通过这些可以推算出电机堵转电流的大小。

### ● 电机最大输出功率的计算

我们可以根据电机处于堵转状态时的输入功率(最大输入功率),大致计算出电机的最大输出功率。那就是,在电流值达到堵转电流一半时,电机的输出功率最大。这时的电机效率约为最大效率的 50%。因此,可以计算出电机的最大输出功率。

最大输出功率 = 输入功率 × 0.5 × 0.5

### ● 最大输出功率时的转矩的计算

接下来计算转矩。无负荷转速可以通过测量获得。转速的特性为向右下方倾斜的直线。这样,最大输出功率时的转速约为无负荷转速的 1/2。

只要知道最大输出功率及转速,通过上面的公式也可以计算出电机的转矩。

$$P = 2 \times \pi \times N \times T / 612$$

$$T = P \times 612 / (2 \times \pi \times N)$$

### ● 转矩常数的计算

计算出了电机的转矩及电流,就可以进一步计算出转矩常数(转矩 / 电流)。我们利用电机特性中的转矩直线来进行计算。

像这样，计算出了电机的转速和转矩（特性图中绘出了转速和转矩这两条直线），我们就可以推测出电机整体的特性。

# 在高效率区域运行的 DD 电机的设计

在此之前，我们已经对电机特性做了很多讲解。同时，也从电机规格与电机特性相关联的角度，讲解了如何制作出负荷特性符合需求的电机。而且，上一节也讲到：不管什么样的电机，在电机特性图的不同区域内，它的效率 / 损耗会发生很大的变化。

对于 EV 比赛用电机，我们要重点考虑的是，电机驱动时应该与电机特性图中的哪个区域相匹配。或者，反过来说，我们期望 EV 行驶时电机可以运行在电机特性图的高效率区域。因此，接下来我们围绕节能 EV 比赛中常用的 DD 电机进行后面内容的展开。

## ● 不需要高转速时，应该增大电负荷和磁负荷

在所有种类的电机中，DD 电机的应用可以说是一个特例。低转速、高转矩的特点，使得 DD 电机具有足够的魅力，被节能比赛 EV 选中。

DD 电机的特点是，与轮毂（车轮）相连接，不需要通过提高转速来获得高转矩。

发动机低转速时的转矩很小，需要高转速通过齿轮大幅减速后获得较大转矩。电机是转速越低，转矩越大（参照前文《EV 电机的基础知识》）。此外，车速一般不会超过 200km/ h。因此，DD 电机的最高转速达到 2000r/min 就足够了。

上一节讲过，决定电机输出功率的 3 个要素中，在转速不能增大的前提下，尽可能增大电负荷与磁负荷。这是电机设计的基本方针，我们要首先确立这个方针。

从结论上看，DD 电机具有的薄型、扁平的多极结构，是可以满足上述条件的。笔者实际设计的节能比赛、太阳能车比赛用 DD 电机，为 16 极、24 极、32 极等多极结构。

## ● 在效率良好的条件范围内使用

从用途上看，电机是用于节能比赛的。这要求电机必须具备很高的效率。上述电机的基本特性中，最高效率点出现在 1/4 堵转电流值附近。包括工业用电机在内，一般的电机都符合这一特性。

如果单单从节能比赛用途来考虑，尽可能让电机在图 6 所示的电机损耗较小的范围内运行，应该可以获得较大的优势。同时，让电机的机械损耗尽可能小，电机效率的峰值所在的位置将更靠近图 6 中显示的无负荷状态的一侧。这样，效率值将大幅提高，同时无负荷电流也会降低。

什么都不考虑，随意绕制的电机的能量消耗很大，在比赛中是无法取胜的。至少要让电机的能量效率达到 90％以上，才有可能在比赛中夺冠。

我们的目标就是让电机的能量效率达到 90％以上。朝着这个目标，我们需要进一步对电机的设计方法做深入考察。

### ■ 铁损的对策：对铁心材料的考察
### ● 在铁损占主导地位的特性范围内使用，对付铁损的对策是……

要想让电机的能量利用效率达到 90％以上，电机的工作点（电机使用频率最高的负荷范围）必须与最大效率范围一致，这一点十分重要。也就是我们刚才提到的，应该将电机的工作点设定在靠近无负荷状态的区域。

前文提到，在这个区域内的电机损耗中，铁损占据主导地位（图 6）。也就是说，提高电机的效率应该从降低铁损着手。这在电机设计中是很重要的一个内容。话虽如此，没有一种魔法可以使电机达到这样的要求，关键还是依据电机的基本原理和特性，进行电机设计，而且只有这一种方法。

回忆一下，铁损是什么？铁损分为磁滞损耗和涡流损耗。应该优先考虑对它们采取对策。

### ● 磁滞损耗对策
#### 使用低磁滞损耗的材料

要想降低磁滞损耗，形成磁路的铁心（电磁钢板）应该采用损耗更小的材料。现在，根据电机的不同用途，已经开发出了许多具有低磁滞损耗的材料。当然，其价格也很高。我们应该根据性价比来选用已经量产的低磁滞损耗铁心。

### ● 涡流损耗对策
#### （1）铁心（电磁钢板）层叠而成的原因

下面我们来看应对涡流的对策。我们都知道构成铁心的电磁钢板是层叠而成的。拆解模型用电机就会发现，它的铁心也是层叠而成的。这是因为，在层叠方向上电阻变大，不容易产生涡流。

电磁钢板越薄，可以层叠的数量就越多。电磁钢板层叠（厚度）方向上的电阻剧增，从而减小涡流。

表 1　硅钢板与非晶硅铁芯的磁特性对比（来源：JFE 钢铁的商品目录）

| 材料 | 板厚 / mm | 直流最大相对磁导率 | 饱和磁化强度 /T | 磁通密度 $B_8$/T | 磁通密度 $B_{25}$/T | 铁损 /（W/kg） | | | | | | |
|---|---|---|---|---|---|---|---|---|---|---|---|---|
| | | | | | | W10/50 | W10/400 | W10/1k | W5/2k | W2/2k | W1/10k | W0.5/20k |
| JNHF 铁心 | 0.10 | 4 100 | 1.88 | 1.15 | 1.44 | 1.1 | 10.1 | 30.0 | 20.2 | 11.5 | 7.1 | 5.0 |
| | 0.20 | 3 900 | 1.94 | 1.09 | 1.47 | 1.2 | 14.5 | 51.6 | 29.1 | 17.9 | 12.7 | 9.5 |
| JNEX 铁心 | 0.10 | 23 000 | 1.80 | 1.29 | 1.40 | 0.5 | 5.7 | 18.7 | 13.7 | 11.3 | 8.3 | 6.9 |
| 取向硅钢 | 0.10 | 24 000 | 2.03 | 1.84 | 1.91 | 0.7 | 6.0 | 22.7 | 22.0 | 20.0 | 18.0 | 14.0 |
| 非取向硅钢 | 0.35 | 18 000 | 1.96 | 1.45 | 1.56 | 0.7 | 14.4 | 62.0 | 50.2 | 38.0 | 33.0 | — |
| 非晶材料 | 0.025 | 300 000 | 1.50 | — | — | 0.1 | 1.5 | 5.5 | 8.1 | 4.0 | 3.6 | 3.3 |

注：W10/50 表示 50Hz 下，1T(10kG) 磁通正弦波励磁时的铁损。

硅钢板（含有大量硅元素的电磁钢板）的表面涂敷着绝缘材料，这使得层叠的两个硅钢板之间存在的电阻变为无限大，进而使涡流减小。

笔者在比赛用电机中使用的是"超级 HF 铁心"（JFE 钢铁，厚度 $t$=0.2mm，见表 1）。这种铁心的硅钢板基材部分的硅含量为 3.5%，表面硅含量为 6.5%。这样的铁心材料使其磁通饱和度呈指数级增加，铁损呈指数级减小。"CQ 无刷电机和逆变器套件"中的电机没有使用这样的高级材料。

（2）每张电磁钢板越薄越好？

如果考虑电机的磁性能，电磁钢板的厚度当然是越薄越好。而实际设计中，电磁钢板表面涂敷的绝缘层也是有厚度的，因此很难达到最薄状态。

假设叠层铁心的厚度为 20mm。通过计算，我们可以使用 100 张厚度 $t$=0.2mm 的电磁钢板或 200 张厚度 $t$=0.1mm 的电磁钢板来制作。当然，后者看起来更好。但是，因为每张电磁钢板的表面都涂敷了一定厚度的绝缘层。实际上，构成同样厚度为 20mm 的铁心时，前者的叠层数量反而更多。

从减小铁损的角度来看，使用后者（更薄的材料）更有利，但实际上铁心中的铁含量降低了。结果就是，前者构成的铁心反而具备更大的磁通量。

同时，如果通过提高磁力，使通过后者构成的铁心的磁通密度增大，当然也可以获得与前者构成的铁心相同的磁通量，但这样又会导致铁心的铁损变大。笔者也尝试用不同厚度的硅钢板制作电机。使用厚度 $t$=0.2mm 的硅钢板可以让磁通密度和铁损达到最佳的平衡状态。当然，0.1mm 的硅钢板也是低损的。但是，基于上述理由，为了更好地发挥电机性能，需要增加叠层厚度，这样电机就变大、变重了。

● 绝佳的铁心材料？"非晶硅铁心"

（1）没有绝缘被覆，超薄非晶硅钢板

最近，"非晶铁心"作为"绝佳铁心材料"受到节能比赛的关注。它是一种非常薄的非晶磁性材料，厚度为 0.025mm 左右。它的电磁特性突出，特别是磁导率相当高（表 1）。它的表面没有涂覆绝缘材料，叠层状态下相互之间的绝缘性能并不高。但是材料本身的导电率以及叠层时的状态（实际并非面接触，而是通过多点接触形成扩展电阻），使其铁损最小。

该材料很薄，不是像普通材料进行铁心叠层时那样可以用模具压制，而是先将非晶钢板进行叠层，使之粘连成块，然后通过电火花切割或高压水切割而成。因此，它的制造成本很高。

（2）非晶钢板也害怕爬坡

高价格、高性能（低损耗）的非晶铁心并不是万能的。我们来回顾一下表 1 展示的电机特性。

请重点关注"饱和磁化强度"的值。这个值表示的是通过该材料的磁通的量。我们可以看到，非晶铁心的值是很低的。

饱和磁化强度（饱和磁通密度）低时，即使有大量的电流通过线圈，铁心可以通过磁通的量已经达到饱和状态，无法容纳更多的磁通。这在电机特性中表现为转矩饱和（电流增大时转矩增大趋缓的现象）。也就是说，电流的增大无法使电机的转矩增大，输入到电机的能量无法转化为机械能，而使电机发热（变为铜损，被消耗掉）。这会导致电机的效率降低。这也是说"非晶铁心电机害怕爬坡"（爬坡过程中电机需要消耗更多电流）的原因。

（3）如何才能充分发挥单晶硅铁心的作用

为了解决刚才提到的问题，就要改变电机的设计，改变电机的体格（变得更大、更重）。

此外，就算将磁通控制在饱和密度以下，过高的设定值也会影响其性能的发挥。笔者在进行各种试制时，就经历了多次这样的失败。

一般而言，使用硅钢板的铁心中，我们设定的静态磁通密度（不通电状态下的磁通密度）为 1.6T。这是一个理想的设定值。现实中，为了让电机小型、轻量化，有时候也设定为 1.8T 或 2.0T。即使这样，硅钢板也能够很好地发挥其性能。

如果换成非晶材料，以笔者的经验来说，低于 1.2T 才能发挥其性能。而且，设定值越低，损耗越小。如果设定为 1.6T，就不能发挥非晶材料的独特优势，电机的特性也表现平平。

饱和磁通密度的高低不仅受静态磁通的影响，也受到动态的，也就是通电状态下的磁通的影响。在电机运行过程中，磁铁（励磁侧）产生的磁通、线圈通电产生的磁通都会通过铁心。

### ■ 对铜损对策的考察

#### ● 获得高转矩时，铜损对策很重要

比赛用电机要求的是高效率，采取应对铁损的对策很重要。那么，铜损对策就不重要了吗？

如图 6 所示，铜损随负载电流的增大而增大。电流的大小直接影响转矩大小。因此，想要获得大转矩，要考虑的不是铁损，而是铜损。反过来说，只有在不需要大转矩的比赛中，才可以不考虑铜损。

比赛过程中，需要大转矩的情况有加速和爬坡。为什么在加速和爬坡时需要更大的转矩？这与行驶阻力有关。

#### ● 回顾行驶阻力与能量

汽车之所以能够行驶，是因为有与行驶阻力相等或比其更大的驱动力。

##### （1）匀速行驶时

匀速行驶就是没有加速，基本上按照惯性法则行驶的情况。这时，只要能够产生与行驶阻力相等的驱动力就可以了。这时的行驶阻力为

滚动阻力 + 空气阻力

这两种构成行驶阻力的要素，应该不难理解吧？

##### （2）加速时

为了提升行驶速度而加速时，又增加了一种阻力，行驶阻力的构成变为

滚动阻力 + 空气阻力 + 加速阻力

什么是加速阻力？我们可以从动能的角度来理解。动能为

$1/2 \times$ 质量 $\times$ 速度$^2$

例如，速度由 18km/h（5m/s）提高到 36km/h（10m/s），需要增加等同于两者动能差值的能量。

假设车辆（包括人在内）的总质量为 100kg，则

$（1/2 \times 100 \times 10^2）-（1/2 \times 100 \times 5^2）$
$=5000-1250$
$=3750（kg \cdot m^2/s^2）=3750（J）$

这个动能差值相当于加速阻力。

##### （3）爬坡时

此时，行驶阻力构成为

滚动阻力 + 空气阻力 + 坡道阻力

加速时的加速阻力被换成了坡道阻力。

坡道阻力为爬坡前与后车辆势能的差值。

势能 = 质量 $\times g \times$ 高度

（此处省略相关计算过程）

EV 对抗行驶阻力的能量都来自于电能：

电能 = 功率 $\times$ 时间 = 电流 $\times$ 电压 $\times$ 时间

而 EV 的电源电压是电池提供的，基本上是恒定的。因此，电能的变化通过调节电流来实现。

我们也知道，所谓铜损，实际就是流过电机线圈的电流产生的焦耳热。

#### ● 减小铜损的对策

如果比赛中需要加速或者爬坡，就必须考虑减小电机铜损。由于铜损为流过电机线圈的电流产生的焦耳热（$I^2 \times R$），所以要采取对策减小线圈电阻 $R$。

具体来说：

·减少线圈匝数（电阻值与导线长度成正比）

·匝数不变时加大导线直径（电阻值与导线截面积成反比）

线圈匝数减少会引起电机特性的变化（特性曲线向高转速方向移动）。作为补偿，需要同时采取对策增大磁通。例如，为了增大磁铁的磁力，改变磁铁的材质或者改变磁铁与铁心的距离（气隙），都是很有效的。

又或者增加铁心的叠层厚度，以增大通过它的有效磁通，也是有效的（电机就变重了）。

在本部分内容的开头讲过，比赛中需要加速或者爬坡时，铜损对策是必需的。那么，铜损对策不重要的又是什么样的比赛？那就是，赛道不存在高低差、近乎为直线的比赛。当然，也会受驾驶技巧的影响。

### ■ 铁损与铜损为此消彼长的关系

#### ● 铁损与铜损，二兔齐追？

说到这里，我们应该明白了，铁损对策与铜损对策在某种程度上是相互制约的关系。也就是，在

考虑铁损对策的同时,必须考虑铜损对策,是一种"二兔齐追"的状态。

例如,为了减小铜损,将线圈导线加粗时,需要减小铁心的宽度以增加绕线空间。这样一来,磁路变窄,导致有效磁通减小;磁通密度增大,导致铁损增大。

再者,有效磁通减小容易引起高负荷时的转矩饱和,电机的输出功率下降。与之相对的是,有效磁通变大时,绕线空间就必须变小;线圈匝数不变时,就需要使用更细的导线。这样就导致了铜损增大。

● 负荷分配应最先确定

负荷分配是否平衡,是能否设计出性能良好的电机的关键。

一般来说,最合适的负荷分配是不存在的。反过来说,为了赢得比赛胜利而进行的电机设计,没有绝对的正确答案。它是受诸多要素影响的。重要的是通过综合分析和决策,使电机的损耗降到最小。而电机损耗又必须考虑铁损和铜损,它们之间的平衡关系也不是不变的。根据不同的比赛或不同的赛道,需要重新分析和考虑它们之间的平衡。

◆参考文献◆

［1］電気学会編;『電気工学ハンドブック』,（オーム社）.

笔者介绍　　　　　　　　　　内山英和

MITSUBA 株式会社 SCR+ 项目

1981 年,群马大学工学部电子工学科毕业。同年 4 月,加入 MITSUBA 株式会社。

从事两轮赛车用 ACG（发电机）的开发。为节能行驶比赛、太阳能车比赛开发驱动用电机。现在正从事各种赛车用电机的开发工作,专业为自制 EV 开发特殊的 ACG/ 电机。开发出的产品多次用于世界级比赛的冠军队。

两轮车:WGP 赛、铃鹿 8 小时耐久赛、法国勒芒大赛、巴黎—达喀尔拉力赛。

太阳能车:WSG 赛、铃鹿、南非。

兴趣:休闲车（汽车、摩托车、PC 车）和 EV 制作。

星座:巨蟹座。

血型:A 型。

# 不同 EV 比赛中的电机选型与调试
## ——不同赛道及不同比赛规则的针对性应对策略

〔日〕内山英和 执笔｜赵智敏 译 罗力铭 审

本文在复习上文内容的同时，对在不同 EV 比赛中，如何进行电机选型及调试做重点讲解。虽然都属于 EV 比赛，其实在太阳能车比赛和全日本学生方程式[1] EV 锦标赛中，电机选型是有很大差异的。此外，不同的赛道及场地差异，也会影响电机的选型。同时，本章也会涉及 PWM 通电方式和进角控制的内容。

（编者按）

## EV 比赛用电机设计的基础知识

前面我们学习了电机的基本特性。以此为基础，我们来考察一下，比赛用 EV 所需的电机。刚才提到，不同的 EV 比赛对电机特性的要求是不一样的。而且，即使是同一类型的比赛，也要根据比赛场地（赛道）

照片 1　比赛用太阳能车（东海大学 "Tokai Challenger"）

照片 2　比赛用太阳能车使用的 DD 电机

选择特性不同的电机。这样是最理想的。

这里，我们对不同类型的比赛所需的电机特性进行了归纳整理。

### ■ 太阳能车用

太阳能车比赛既有在日本举行的，也有在世界各地举行的，赛事数量很多。而且，它作为 EV 比赛中的一种，也有着悠久的历史。从技术应用层面来看，与当初相比，现在的技术飞跃是令人震惊的。

最先进的太阳能车，仅依靠太阳能就可以在普通公路上，以 100km 左右的平均时速行驶 3000km（南北向穿越澳洲大陆的距离）。这真是令人惊叹不已。当然，也因其对能源效率的要求极其严格，比赛时极易受到影响（照片 1）。

### ● 不想使用减速齿轮或链条

利用赛道中的某一段进行节能比赛，获胜的关键在于如何将电机产生的动力无损地传递到轮胎。这可以在很大程度上左右比赛记录和胜负。也就是我们说的"传动效率"。与普通电机一样，EV 电机的动力也是通过齿轮、链条或皮带等传递到轮胎的，

照片 3　DD 电机的安装位置（轮毂）

---

① Student Formula SAE Competition of Japan，SFJ。主办方为日本汽车工程师学会（Society of Automotive Engineers of Japan，SAEJ）。——译者注

照片 4 参加 EV 节能行驶比赛的赛车

传动部分的机械结构会产生动力损耗。做工精良的齿轮，其动力损耗据说只有 1%~2%（传动效率为 98%~99%）。然而，比赛用 EV 的大部分零部件都是参赛选手自制的，零部件的加工精度和调整都受到了一定的限制。有的时候，无论做了怎样的努力，也很难把传动机构做得那么理想。

有时候，某一段减速可能让传动效率下降 3%~5%。市售电机的传动效率一旦低于 3%，价格就会便宜很多。也就是说，传动效率下降 3%~5% 可不是一个小数目。

● **应该选择 DD 电机**

这样的话，很多时候会选择 DD[①]电机（照片 2、照片 3）。虽然 DD 电机也有自身的缺点，但它的传动效率可以达到 100%。对其优缺点进行综合评价后，我们认为，这种情况选择 DD 电机是最好的。

上文中说到，DD 电机是所有电机类型中极少见的一种。为什么这样说，在这里就不做讨论了。这种电机在太阳能车比赛和节能比赛中发挥着重要作用。

● **比赛应对策略：急减速较多的铃鹿赛车场**

每年夏天，铃鹿赛车场都会迎来太阳能车比赛。由于比赛使用的铃鹿赛车场也是 F1 比赛场地，所以太阳能车比赛也是一个很有魅力和人气的赛事。

铃鹿赛车场是多种类型弯角和坡道（最大高低差为 52m）组合而成的复合型赛道。虽然在西侧起跑区也有部分直线区间，但基本上，在赛道上行驶时，负荷和速度都是随时变化的。

因此，为了适应这样的加减速、上下坡前后相连并不断变化的赛道，电机的设计重点是减小铜损：出现大电流、大转矩时，电机效率高——用硅钢片做的电机铁心比非晶合金铁心要好。

● **比赛应对策略：穿越澳洲大陆的比赛**

与铃鹿赛车场举行的比赛不同，穿越 3000km

照片 5 参加节能行驶比赛的 EV 使用了最新技术的电机

澳洲大陆的 WSC[②]赛道几乎都是平坦的。它是以匀速、长时间驾驶，也就是我们说的"定速巡航"为主的比赛。

这时，电机的设计重点是减小铁损：电机铁心材料不使用适用于铃鹿赛车场的硅钢片，而使用更容易发挥出威力的非晶合金材料。

● **关于电机的调试**

关于电机的调试，如前所述，关键是让电机的最高效率区间覆盖使用频率最高或能源消耗最多的区间。

在铃鹿赛车场的比赛中，从整体上看，通过邓禄普弯后半的爬坡路段时，消耗的动力最多。我们在设计电机的时候，根据这时电机的电流范围来确定电机的最高效率。而在穿越澳洲大陆的比赛中，我们应该根据可以保证赛车行使最长距离的速度范围来确定电机的最高效率。

■ **节能比赛用**

● **小排量汽车比赛的 EV 版**

节能行驶比赛的原则是，使用 1 升汽油尽可能地让汽车行驶得更远，通过距离长短来决定胜负。它已经有了近 30 年历史，有很多学校（学生）参加。

忽略空气阻力和行驶阻力，该项比赛的冠军成绩经过换算，就是用 1 升汽油让汽车行驶超过 3000km 的距离！这项比赛的 EV 版也是全国性赛事（照片 4），参加的学校也很多。

① Direct Driver，直接驱动，简称"直驱"。——译者注
② World Solar Challenge，世界太阳能车挑战赛。——译者注

● 与太阳能车用电机的规格相同吗?

如上所述,参加节能行驶比赛的 EV 的技术也在不断地进化,与太阳能车一样,对技术的要求越来越高。当然,电机也不例外(照片 5)。参加秋田县大泻村 "Solar Sports Line" 赛道举办的比赛,应该重视匀速行驶。而参加在宫城县菅生赛道和千叶县 NATS 赛道等有上坡的复合赛道上举办的比赛,应该重视坡道行驶。也就是说,通过大电流值的范围来决定电机的最高效率范围。这一点非常重要,应该引起我们的重视。

### ■ 学生方程式 EV 锦标赛用

#### ● 自制 EV 方程式锦标赛

学生方程式锦标赛是日本面向大学生、大专生、汽车学校学生的汽车比赛。比赛每年一届,在日本静冈县小笠山综合运动公园举行,为期一个星期。同样,欧美很多国家也有类似的比赛。

比赛多种多样,并不局限于节能行驶这一种形式。比如,有的比赛有赛车的介绍环节,有的比赛对原创方程式赛车的设计、制作、驾驶等各方面进行综合考核评分,这些都不同于节能行驶比赛。这项比赛最初的参赛对象是燃油汽车。随后,最先在欧洲出现了 EV 分赛场,日本也于 2014 年正式认可了 EV 比赛,并与燃油汽车比赛同时举办(照片 6)。

#### ● 不是 EV 节能行驶比赛!

如前所述,该项比赛不是节能行驶比赛(但在决定排名的评分项目中也有与节能相关的内容)。因此,仅从比赛来看,赛车所配备的电机,与前面提到的电机完全不同。

EV 可以无限制地任意配备电池。比赛时需要考虑短距离(75m)加速时间、蛇形穿桩时的连续加减速等问题。也就是说,不存在匀速行驶的情况。赛程中几乎没有坡道,比赛时间也很短。需要最大功率的加速只有 5s 左右。按照最长赛程 20km 来算,

照片 6　学生方程式 EV 锦标赛参赛车辆

比赛时间也只有 20min 左右。这些对赛车的电机设计来说,都非常重要。

#### ● 电机的输出功率是节能行驶比赛用电机的 100 倍

参加学生方程式锦标赛的赛车质量一般在 300kg 左右(节能行驶比赛用车质量的 10 倍)。这么重的赛车,频繁进行全加速和急减速时,要求电机具有数十千瓦的输出功率。但由于时间非常短,所以只要考虑电机的短时间使用就可以了。太阳能车所用电机的输出功率一般比节能行驶比赛所用电机的输出功率大一个数量级,而参加学生方程式 EV 锦标赛的赛车所用电机的输出功率又比太阳能车所用电机的输出功率大一个数量级。

#### ● 考虑电机的"冷却"

设计像这样的输出功率很大的电机时,怎样对电机进行冷却(冷却对策)成为最大课题。也许有人认为,反正比赛时间那么短,不用担心电机的冷却。但是,如果使用的是输出功率为数十千瓦的电机时,这就意味着发热引起的动力损失将达到好几个百分点。电机没有冷却是不行的。这就要求在设计电机时,要将如何高效地进行电机冷却作为重点来考虑。

事实上,日本汽车厂商销售的 1 座超小型 EV 中,是不对电机进行冷却的;而 EV 乘用车上是有水冷结构进行冷却的。学生方程式比赛中的 EV 赛车虽然也使用了大输出功率的电机,但由于使用时间很短,电机的冷却性能达不到市售 EV 乘用车的程度还是可以的。关于冷却时间,我们还会在后续内容中进行讲解。

#### ● 电机的选型与调试

这项比赛中,加速时间(距离)短、没有坡道。像前面提到的一样,赛车以最大功率行驶的时间最多也就 5s,因此小型、轻量型、大输出功率的短时工作制电机很适合在这样的比赛中使用。其平均工作点偏离电机最高效率点,把功率放在了第一位。

这种情况下,低速 DD 电机是极不适用的。在使用一般减速机构的前提下,最佳的选择是使用高速电机。

接下来,我们对高速电机(有减速机构)和低速电机(DD 电机)进行再次考察。

# EV 用电机转矩和功率的再思考

## ■ 转矩、转速和"体格"

### ● "体格"决定转矩

在前文中,我们介绍过物理学中的力矩就是力,功率就是做功的量。我们熟悉的"加速靠转矩,最高转速要靠功率"的说法,其实是错误的。实际上,加速也好,达到最高转速也好,都由电机的功率决定。电机的功率是与

转矩 × 转速

成正比的。此外,电机的转矩是它的"体格"决定的,这一点也很重要。

我们要了解电机转矩产生的原理,就要再次回到弗莱明左手定则:

$$F = I \times B \times L$$

决定转矩的三要素:$I$(电流)、$B$(磁场密度)、$L$(导线长度)。这样,我们就明白:要使 $F$ 增大,就必须加大电机的"体格"。

此外,在"电负荷与磁负荷"中,我们也讲过电机的输出功率与

电负荷 × 磁负荷 × 转速

成正比。加大电负荷,就要增加绕线空间;而加大磁负荷,就必须增加可以产生有效磁通量的铁心(在磁通密度相同的条件下,必须加大磁路的截面积)。

### ● 功率相同的情况下,低转速电机的体积更大

决定电机输出功率的另一要素就是转速。如前所述,转速、电负荷、磁负荷有着相互依存的关系。电机设计就是根据需求,对这 3 个要素进行调整。

DD 电机(包括轮毂电机)的转速与车轮的转速是相同的。在汽车上使用的电机,其转速为 1000~1500r/min。对电机而言,这样的转速非常低。然而,要在这么低的转速下,实现大功率输出,就必须增大

电负荷 × 磁负荷

由于是乘积关系,两者都需要增大。就像前面提到的那样,这将直接影响电机的"体格"。也就是说,要增大 DD 电机的输出功率,就不得不增大它的体积(质量)。

### ● 一般 EV 使用的是高转速电机

相反,电机的转速越高,电负荷和磁负荷就可以变小。也就是说,小型、轻量型电机也可以实现大功率输出。

**照片 7 小型 EV 驱动单元**(双电机型)

至此我们应该了解,为何 EV(太阳能车比赛、节能行驶比赛等特殊用途除外)采用的都是减速机搭配高转速电机使用。同样,我们也可以理解,为何学生方程式 EV 锦标赛赛车通常不使用 DD 电机,而采用有减速机的结构。笔者也试做了一台照片 7 所示的电机(与减速机组成的一体式驱动单元),以供大家参考。这台电机应该也适用于学生方程式 EV 锦标赛。

这不是学生方程式赛车专用电机,也可以作为小型 EV 驱动模块使用。其特征是双电机左右独立驱动,不使用差动齿轮。

另外,因其采用了左右独立驱动结构,也可以应用在改变左右转矩,进行转矩分配控制的实验。右转时,如果让左侧驱动轮的转矩大于右侧驱动轮的转矩,只需要稍微打一下方向盘,就可以轻松地实现转向。

不管怎么说,我们应该理解电机的特性:

· 电机的体格决定转矩
· 提高电机的转速可以增大电机功率

## ■ 电机发热的对策

### ● 数十千瓦级电机必须冷却

前面我们提到,电机设计就是让电机的转速、电负荷、磁负荷这 3 个要素变得平衡和合理。

但做到了这些,也并不意味着我们设计出了理想的电机。还有一个我们无法逃避的大难题,就是电机的发热问题(在学生方程式比赛用车相关内容中有所提及)。这一问题与电机的效率问题稍微有些不同。

额定输出只有几百瓦的电机,通过提高电机效率的设计,可以将电机发热控制在很低的水平。如额定功率为 300W、效率为 90% 的电机,其功率损耗为 10%,也就是 30W。损失的这 30W 是以电机发

热的形式被消耗掉的。如果电机的发热只有这么多，一般是不需要冷却的，或者让其自然冷却就可以了。

假设我们有一台 30kW 的电机，同样情况下，它会变成什么样？即使电机效率同样是 90%，这时的损耗（发热）是 3kW——相当于 3 台 1kW 电炉子在工作。

## ● 冷却从线圈开始！

电机的损耗也有来自电机自身以外的因素。即使我们忽略这些损耗，电机内部总是存在 3000W 热量而得不到冷却，可是不行的。即使我们把电机效率提高到 95%，它的发热也有 1500W……这绝对是不行的。

不管是使用风冷、水冷、油冷中的哪一种方法，总之我们要做的就是对电机，特别是对其线圈进行冷却。这一点，对于从事电机设计的人，肯定深有体会。在制造这个级别的电机时，说得极端一点"只需考虑如何处理这些热量就可以了"。电机发热这一问题的解决是个很大的难题。从电机发热的来源来看，线圈产生的热量是最多的。所以，对电机冷却的首选对象就是线圈。

## ● 冷却线圈，究竟用风冷还是水冷？

给线圈降温，风冷是很有效的。但 EV 用电机要求防尘、防水，多数情况下都采用全封闭结构。要给封闭的电机降温，就要求电机具有可以让空气循环的复杂结构。

为此，市售的用于 EV 的电机所采用的都是水冷结构。

水冷也需要较复杂的系统，如水冷的水路、散热器、水（油）循环泵等辅助装置。而风冷，只要在转子上安装一个风扇就可以自己散热，这样的自冷结构可以简单地实现散热。

严格意义上讲，水冷方式并不能直接对线圈（发热源）进行冷却，而是通过线圈缠绕的铁心进行间接冷却。

说到这里，这与汽车发动机开发初期的情况很相近。很久以前，本田在大型摩托车发动机冷却上执着于风冷是出了名的："即使通过水的循环带走了发动机（气缸）产生热量，但最终还是需要空气来吸收这些热量。这样的话，还不如通过风冷直接带走这些热量呢。"这也不无道理。

随着技术、材料的快速发展，电机今后也会得到进一步进化。比如，如果我们开发出与常温超导体相近的材料，即使是再大的电机，也只要自然冷却就可以了。

## ■ 电机通电方式的选择

### ● 理想的是正弦波通电，但矩形波也不是不可以

接下来，我们考察电机的通电方式。EV 节能行驶比赛用车大多使用 100W 左右的电机，太阳能车使用 1000~2000W 的电机，这些电机适合采用"120°矩形波通电"[①]。从电机的驱动原理来看，使用正弦波波形通电才是最佳的。但是，这样控制器的电路就变得复杂了。另外，这些比赛都以能量消耗最小化为目的，复杂的控制器自身功耗比采用矩形波通电时大很多。

在节能行驶比赛中，有些赛车只需使用 50~70W 电机就可以行驶，电子电路（控制器）的功耗会对比赛结果产生很大的影响。从这个意义上讲，矩形波通电方式很适合这类比赛（如果有低功耗正弦波电路就另当别论了）。

### ● 提高 PWM 占空比

从电机的效率来看，矩形波通电还有另一个优点。一般这类比赛使用的电机都通过 PWM 控制来调节电机输出功率。采用 PWM 控制就会发生开关损耗，这也是降低电机效率的一个因素。因此，对这类比赛（特别是平坦赛道上的匀速比赛）的电机进行速度设定时，最好尽量提高 PWM 占空比。以 100% 的占空比行驶是最理想的。

这时，开关只要按照换流的频率进行切换就可以了。但是，正弦波通电时，需要生成正弦波，（通过载波频率）开关总是不断进行的，而且要将 PWM 占空比切分为很小的等份。这样产生的正弦波电压，再加到线圈上，从原理上看，产生的开关损耗增大。这些损耗对输出功率在几十千瓦或几千瓦的赛车来说，是不可忽视的。

### ● 处理大功率时需要正弦波通电

刚才讲了电机的通电方式。它完全是为 EV 节能行驶比赛这一特定条件下使用的电机的控制考虑的，如果用在学生方程式 EV 锦标赛或一般 EV 电机上，情况就完全不同了。

---

[①] 所谓的"120° 通电"，是 PWM 控制中经常使用的通电方式。直流正母线中的电流在 U 相、V 相、W 相的 3 组（上下）桥臂开关中轮流通过。一个周期 360°，每个开关在一个周期中导通 120°，就称为"120° 导通"。也有每个开关在一个周期中导通 180° 的通电方式。

首先，电机的输出功率增大时，控制器开关损耗的影响相对变小。相反，采用矩形波通电方式的情况下，在波形上升沿/下降沿，电压会被急剧地施加到线圈上或从线圈切断。换流时，电机的电流波形会发生振荡（产生很大的干扰），由此产生很大的损耗。

另外，如果没有节能行驶比赛的那些限制条件（环形赛道行驶或平道巡航），这种通电方式适合各种形式的行驶。起动、加速、减速、上坡、下坡、乘载人数的变化、装载货物的多少等，都会引起电机负载的变化。在这种情况下，单纯的矩形波通电不能有效地发挥其性能，应该采用正弦波通电方式。

### ■ 电机的进角调整

#### ● 你了解发动机的进角调整吗？

发动机控制中使用的"进角调整"[1]，大家听说过吗？

汽油发动机的工作原理：①气缸活塞下行，气缸内空间扩大，吸入气化燃料（汽油）和空气；②活塞上行，使气缸内的混合气体被压缩；③在活塞接近上止点时，火花塞点火；④压缩气体被点燃、爆发，使活塞下行（气缸内空间扩大）。活塞的上下行动作转换成曲轴的旋转动作。发动机工作时，①～④周而复始地进行。

实际上，汽车发动机会根据行驶情况、负载情况等变化，对火花塞点火时间进行微小的调整。

有的发动机的点火时间是根据发动机的转速、负载的变化形成的三维坐标图进行控制的。以往的发动机进角调整有两种：

· 随转速增大进行进角调整的速度进角
· 随负载变化进行进角调整的真空进角

#### ● 电机的进角（通电时间）调整也很重要

电机控制也与发动机控制有相似之处。转速升高后（换流的频率变高后），即使对线圈施加电压（换流），线圈电流上升到目标值也需要一定的时间。也就是说，产生了时间差。

因此，电机在高速旋转时，适当提前通电，就可以确保电机在旋转到必要位置时，线圈上有与此相对应的电流。我们将其称为电机的"进角控制"。适当进行进角调整，可以提高电机的效率。这一点与发动机进角调整中的速度进角很相似。

另一方面，在大负载状态下通电时，为了产生大的转矩，就需要增大电流。这时，增大线圈上的电压（或提高占空比），可以加大电流。但是，线圈是存在感抗的。

增大流过电机线圈的电流时，受到感抗的影响，电流的实际上升是滞后的。这时，提前通电就能确保电流大小和位置（相位）处于最合适的状态。

#### ● 能够迅速应对条件变化的矢量控制

为了能够应对电机时时刻刻都在变化的条件，仅仅依靠矩形波通电肯定是不够的。

能够适应不断变化的条件，控制电流在最佳时机流过电机线圈的，是以正弦波通电为基础的"矢量控制"。这种电机控制方法，已成为市售 EV 的标准驱动方式。矢量控制，为了实现让电机线圈在最佳时机通电，需要通过线圈的感应电压（空载感应电势）计算出线圈和电磁铁（定子和转子）的位置，再通过复杂的计算找到合适的通电时间。

#### ● 进角调整是怎样实现的？

如果可以精准地进行进角调整，电机的效率和转速就能够得到提高。那么，进角调整多少才合适呢？由于不同的电机需要的进角不同，所以只有通过反复试验才知道。

进角调整，一般通过改变软件上的时间设置来实现。

另外，"CQ 无刷电机和逆变器套件"在定子的 U、V、W 三相线圈正上方设置了磁敏感器。这里的磁敏感器不是用来检测电机线圈的磁性的，而是用来检测通过其上方的转子的磁极（N 极、S 极）的。

进角调整就是将这 3 个磁敏感器朝着旋转方向的反（进角）方向移动。先让电机空载运行，同时观察电源的电流变化。观察到的电流值为最小值时，电机达到最高效率点。

这只是电机空载时的状况，加上负载后，最小电流值出现的时间比电机空载时要晚一些。这时，让其向进角侧移动（实际上就是一点点）。

---

## 市售 EV 的电机

#### ● 市售 EV 的电机设计要难得多

到这里，我们介绍的比赛用或自制 EV 用电机，都是以限定条件下使用为前提的，电机的设计相对

---

[1] 也叫超前角调整。——译者注

**照片 8　试制 EV 案例**
右为 8 轮小公交，左为微型 EV（封闭车身）

容易。然而，市售 EV 的电机设计就是难上加难了。

笔者本人没有参与过量产 EV 的设计。在电机设计方面，除了设计过比赛用电机，还负责过用于照片 8 所示微型 EV（公交）上的电机。无论从完成度，还是可靠性来看，都不能与量产车上使用的电机相比。

● 环境适应性

笔者认为，设计用于市售 EV 的电机时，最关键的是"热"。市售车要考虑到所有的行驶条件。无论是下雨、刮风、下雪等天气，还是行驶在上坡、状况很差的道路（现在已经很少了），抑或是夏季的高温和冬天最冷的时候，电机必须在任何环境下都能稳定地发挥作用。特别是，高负载状态下，线圈温度上升，一定要有充分的对策。

通常采取的对策是强制性冷却。另一方面，还要考虑防水、防尘。与风冷相比，从结构上看，水冷比风冷的效果好。这样，结构与整个冷却系统就很复杂，成本也更高。

● 控制器

在控制上怎么做呢？

驱动比轻型汽车重的车身，一般使用 50~100kW 的电机。为了保证电机有这样高的功率，我们通常会采取的对策是"提高系统电压""降低电流"。

不管采用哪种方式，想要随心所欲地支配大功率电机，需要先进的控制技术（电力电子技术）。例如，在矢量控制的基础上，让电机达到与发动机控制相近的效果。EV 使用的运用了再生技术的控制器、ECU 等都是不可缺少的。

甚至可以说，EV 的好坏完全取决于控制器。说到底电机也只是一个"素材"，关键是如何提高它的基本性能，并通过电子技术使其更好地发挥作用。

# 小　结

将电能转换为动能的电机，广泛运用于现代社会的各个领域。汽车使用电机来驱动，有利于改善环境。但是，从电机应用这个层面来看，在各个工厂、各类车间使用的电机，其种类和应用范围比汽车上使用的电机要多得多，广得多。

现代社会对电机的依赖程度有多大？关于这一问题，笔者的回答是，电机的改善，特别是电机效率的改善，等同于为地球环境改善做贡献。据可靠消息，日本每年消费的电力约为 $1000TW \cdot h$，其中的 55% 是被电机用掉的。像这样，工业电机的效率提升 1% 的话，每年节省的电量就相当于一座 1000MW 级发电站的发电量。

至今，电机已经有 200 多年的历史了。与之相关的技术现在仍然在不断进化和发展。电机的技术进步离不开材料、制造技术、循环利用技术等诸多领域内产业和相关技术手段的支持。笔者相信，不断变革、进化的技术会成为拯救世界的力量。而从事技术工作的我们，也必须精益求精，不断提高自己。

其实，搞技术也挺快乐的！

◆ 参考文献 ◆

[1] 電気学会編；『電気工学ハンドブック』，（オーム社）.

**笔者介绍**　　　　　　　　　内山英和
MITSUBA 株式会社 SCR$^+$ 项目

1981 年，群马大学工学部电子工学科毕业。同年 4 月，加入 MITSUBA 株式会社。

从事两轮赛车用 ACG（发电机）的开发。为节能行驶比赛、太阳能车比赛开发驱动用电机。现在正从事各种赛车用电机的开发工作，专业为自制 EV 开发特殊的 ACG/ 电机。开发出的产品多次用于世界级比赛的冠军队。

两轮车：WGP 赛、铃鹿 8 小时耐久赛、法国勒芒大赛、巴黎—达喀尔拉力赛。

太阳能车：WSG 赛、铃鹿、南非。

兴趣：休闲车（汽车、摩托车、PC 车）和 EV 制作。
星座：巨蟹座。
血型：A 型。

# 特记　EV制作挑战

## 高专一年级实践课程
## 原创木制电动卡丁车的制作

—— EV教育：课程内容与学习套件的开发

〔日〕齐藤纯　执笔 ｜ 刘　军　译　罗力铭　审

在东京，有一所工业高等专科学校，其电气工程专业一年级学生每年必修的一个实践科目是"电动卡丁车的制作"。这里要介绍的就是这个课程的相关内容。尽管是专科学校一年级的学生，但他们并不具备制作经验。需要机械工程学、电子电气工程学相关知识和技术的EV制作，把它作为专科一年级学生的实践课程，可以说是一个大胆的尝试。

大约在2年前，笔者因一个偶然的机会参观了他们的EV制作课程，深受感动。学生们饶有兴趣、快乐地参与到课程中，他们动手制作、思考，因问题而苦恼，当然还有失败。也正因为如此，这些也都成了学生们学习的动力。

在这里，我们邀请到了负责这门课程教学的老师，让他来讲讲这门课程背后，多年来在不断摸索课程体系化的过程中而付出的努力。

（编者按）

## 基于电动卡丁车的用心造物

### ● 实验、实践的重要性

古语云，"百闻不如一见"。在日常生活中，通过体验进而获得知识的案例不在少数。在学校课堂上学习到的定理和公式，对学生来说，也许只是为了考试而已。定理和公式是自然界的各种现象在数学原理下经过归纳而得到的表达形式。特别是在低年级的课程中，学生们往往会认为利用学到的定理和公式进行的计算就是单纯的算术，而忘记了我们运用定理和公式进行的计算其实是对自然界中某种

现象的解释。特别是，涉及电能的问题时，因为肉眼是看不到电能的，所以这种倾向表现得更为严重。

### ● 让学生看得到电能

在课程中讲述电能知识时，笔者会向学生提问："电能有多大或多强呢？"当课堂陷入沉默的时候，笔者就举电吹风与比赛用太阳能车的例子来比较。电吹风的功率为1200W，而太阳能车用相同的电能行驶的话，时速可以达到90~100km，使用电吹风10min所耗费的电能可以让太阳能车行驶15~16km。这么一说，学生们的反应都是"噢！这么回事啊。"这就是笔者提倡的"从经验中学"。

为了能直观地理解电能，最好的办法就是让学生们看到电可以让物体运动起来的现象。也就是说，让学生亲自动手，就可以让他们通过自己的体验获得大量与电能相关的信息。

本文中，笔者以自己所在的工业高等专科学校面向电气工程专业一年级学生的，融入电能体验教学、实物制作、工程设计[①]教学的"电动卡丁车制作"

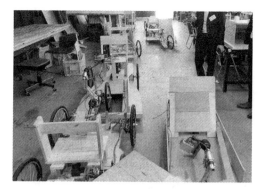

照片1　实践课上制作的电动卡丁车

---

① 日本技术者教育认证机构（JABEE）是这样定义的："集合了数学、基础科学、工程学、自然科学（在数学和自然科学基础上建立起来的应用科学与技术的知识体系）及人文社会科学等的研究成果，在经济、环境、社会、伦理、健康与安全、可制造性、可持续性等现实条件的范围内，开发符合需要的系统、构件（部件）、方法的，具有创造性、可重复、开放式过程就是工程设计。"

为例，结合笔者开发的课程、实践内容和案例进行相关介绍（照片 1）。特别是针对刚入学不久的学生能够自己设计、制作出可以行驶的电动卡丁车而开发的学习套件，就其创意点以及教学实践时的重点进行说明。

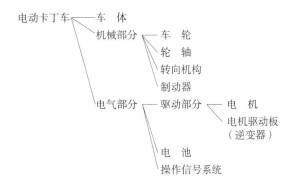

图 1　电动卡丁车的构成要素

# 实践课程"电动卡丁车制作"

## ● 高专一年级学生的必修实践课程

这门"电动卡丁车制作"课程，是高专电气工程系一年级学生必修的实践课程。课程的主要目的是，通过电能体验教育和用心造物教育学习入门知识。而"能量转换效率""机械设计原理""汽车工程学"的学习，并不是这门课程的主要目的。让学生们理解为什么要学习这门课程，产生学习的动机，并且意识到学习中也有快乐的一面，才是我们所期待的。

在这门实践课程中，学生们要根据自己的想法先拿出电动卡丁车的企划方案，然后在这个基础上进行设计与制作。最后，在亲自驾驶自己制作的电动卡丁车的过程中观察实际行驶时的电能消耗情况。而且，实践课程中制作的电动卡丁车必须符合以下要求。

· 车辆尺寸：$L=1.8m$，$W=0.9m$，$H=1.0m$（以内）
· 车轮数：最多 4 轮（单轮驱动）
· 停车时不发生倾倒
· 设计具有独创性

## ● 技术性构成要素

电动卡丁车的构成要素如图 1 所示，大致分为车体、机械部分、电气部分等。车体上悬挂着机械部分和电气部分，是驾驶员乘坐的部分。机械部分由传动机构和车轮、轮轴、转向机构和制动器等构成。电气部分包括电机、逆变器（驱动板）、蓄电池、操作电位器等。其中，机械部分、电气部分的设计和制作较为困难，对一年级学生来说难度很大。这些部分都是课程中事先准备好的，不需要学生自己动手制作。使用这些现成的部件，为电动卡丁车的行驶提供了最低限度的保障。

## ● 木制车体

说到车体，一般都是用铁、铝等材质的。然而，我们认为没有必要非使用金属材料不可。当然，有很多人会有这样的想法：为了满足行驶速度、运动

性能等要求，车体要有足够的强度和刚度，所以，应该采用铁、铝等金属，CFRP / GFRO 等复合材料制作。但是，这些材料的加工，必须具备相应的加工设备和加工技术，对初次自制电动卡丁车的学生来说有着很大的难度。这也是现实中的实际情况。

这里介绍的电动卡丁车，行驶速度不超过 40km/h（实际的实践课程中限定为 15km/h）。实践课程中使用的板材为柳安胶合板，方材为 SPF 和白木。这些材料不需要特别的加工设备和工具，也能很容易地加工成各种形状，而且可以在附近常年营业的工匠铺买到，价格也较便宜。

因为不用搭载发动机，采用电机来驱动，使用上述材料是没有问题的。

## ● 用方材补强

因为是木制车身，因此有必要进行补强。对于材料，虽然留给了学生们选择的余地，但基本要求是"车体由厚度为 9mm 的板材制成"，可以使用单层（厚 19mm）和双层（厚 38mm）结构的方材来增加车身的强度。

也可以采用由 2×3（38mm×63mm）和 2×4（38mm×89mm）方材构成的梯形车架，仅驾驶室部分使用胶合板（参照专栏 A）。

## ● 固定方法

木材之间的固定，一般使用木螺丝。然而，为了获得更高的强度，用木工胶粘合后再用木螺丝加固会更好。

行驶中，驾驶员的体重和路面的凹凸，会导致车体扭动，如果进行了适当的补强，是不会对行驶造成障碍的。

另外，如果用螺栓和螺母连接各个部件，那么就可以形成可拆解式车体。

## 专栏 A   没有补强的车体

### ● 强度不足的例子

如果车体仅由板材构成，没有补强结构，前后方向、左右方向都弯曲成书名号形状，就成了没有强度和刚度的车体（图 A.1）。车体的前后方向比左右方向要长一些。没有补强结构，就会因强度不够而折断。

另外，左右方向板材的强度不足时，车轮定位（外倾角）发生变化，会对行驶稳定性产生不良影响。以往制作的车辆中，因为没有适当地补强，如照片 A 所示，尽管转动了方向盘，也只是车体被扭动，并没有像预想的那样转弯。

学生看到这种没有预料到的状况，往往十分吃惊。正是这些意外状况，反而引发了学生的乐趣。失败也是学习的一部分。作为授课教师，常常有意不告知学生，让学生经历失败。这种状况的把握，以保证不发生事故为前提。

### ● 补强方法

补强方法如图 A.2 所示，前后方向上用 2 根方材补强；左右方向，以车轮为中心，前轮位置

和后轮位置分别加一根方材对称补强。路面的颠簸会使整个车体弯曲，所以，对侧面进行补强处理，以增大车体刚度。

用方材补强并不是唯一的方法，如图 A.3 所示，把车体制作成立体箱，也能够获得更高的强度和刚度。

**照片 A　补强不足的车辆**
3 轮车，因为补强不足，操作方向盘时车体扭动，不能像预想的那样转弯。于是，转弯时驾驶员侧倾着身子，像骑自行车一样

（a）前后方向过长，车体有可能折断

（b）支架的安装角度变化，车轮定位（外倾角）产生偏差

**图 A.1　强度和刚度不足的车辆**

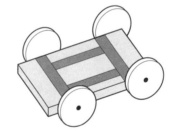

**图 A.2　用板材制作的车体的补强位置**

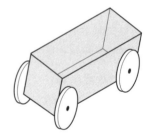

**图 A.3　把车体制作成箱体，也能获得强度**

---

## 实践课程的实况

### ● 课程的目的

这是以"电动卡丁车制作"为主题的 PBL[①]，以电能体验教育和用心造物教育为核心的工程设计课程。简单来说，就是让学生们学习如何通过团队

协作共同完成一个项目。由数名学生组成的团队，需要完成与用心造物相关的一系列过程（企划、设计、制作、评价、形成报告），并在规定的条件下构建系统，实现企划要求的功能。这样，不但可以提高学生的沟通和表达能力，还可以通过相互激励和刺激提升学生学习知识和技术的能力。并且，在制作的过程中，学生们可以切实感受到用心造物的乐趣。

---

① Project Based Learning，项目式学习。

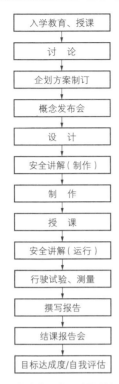

入学教育、授课

↓

讨　论

↓

企划方案制订

↓

概念发布会

↓

设　计

↓

安全讲解（制作）

↓

制　作

↓

授　课

↓

安全讲解（运行）

↓

行驶试验、测量

↓

撰写报告

↓

结课报告会

↓

目标达成度/自我评估

图2　"电动卡丁车制作"的授课流程

照片2　讨论的场景：指导学生把自己的图纸制作成实物

照片3　制作场景：不使用机床，尽量手工制作

在驾驶自制电动车的过程中，可以通过身体的感知，体验到电能的大小。

归纳起来，实践目标如下：

· 通过团队协作，进行创作活动的实践

· 通过自己身体的感知，理解电能的大小

· 通过团队自己的努力，实现企划

· 开动脑筋，想办法解决遇到的问题

· 认真制作，打造出好作品

· 通过报告书记录和总结制作过程和作品

● 授课的流程

实践课程每周1次，每次课占用下午2节课的时间，为期半年。整个课程的流程如图2所示，其中介绍了每个环节的项目和内容。

■ 讨　论

● 分组：不把关系好的同学分在同一组

小组由5人或6人组成，按照花名册的排序进行分组。

把"臭味相投"、关系好的同学分在同一组时，往往会出现没有反对意见而导致整个团队的思考陷入停滞，最后随便完成任务了事的状况。我们不允许这种分组的出现，是为了让学生们理解，要有不

同的意见，交换意见和沟通的过程也是项目推进中不可缺少的。这样组员之间交流讨论、取长补短，提高了沟通、协调能力。

● 制作独特又有趣的电动卡丁车

在讨论的过程中，将准备制作的电动卡丁车的概念，也就是车辆的样子确定下来（照片2）。把注意力都集中在车辆外装的团队也不少。这时候应该告诉学生，重要的是车的功能。在时间有富余的情况下，才着眼车的外装。

尽管如此，很多团队对于卡丁车的企划还是慎之又慎。当然，在这当中学生们肯定会提出独特而又有趣的想法，指导老师应该加以鼓励和支持。这样想要做出独一无二的卡丁车的团队会越来越多，实践课程也就变得更活跃和有激情了。

■ 制　作

● 不使用加工设备，尽量手工制作

笔者所在学校是工业高等专科学校，有钻床、车床、带锯等加工设备。但是，在"电动卡丁车制作"的作业中，使用的工具主要是锯、电钻、锤子、锉刀等手工工具。

这样做的目的，是让学生们形成"电动卡丁车制作"需要耗费时间、需要用心去做的心理准备。同时，也让学生们知道，因为是手工作业，可以有

思考的时间。这样也可以训练学生们一边思考，一边推进工作的习惯（照片3）。

### ● 第一次大型"用心造物"活动中的"南墙"

学生们都是入学不久的一年级学生。对他们当中的绝大部分人来说，自己亲自制作某件大型物品，还是头一次。随着作业的推进，加工会变得更难，原来的设计进行不下去了。学生们一定会遇到这样的"南墙"。

出现这种情况时，很多团队就会改变原来的策略，往"能够做到"的方向修正，从而放弃原来企划方案中的概念。这样就从"制作理想的作品"变成了"制作容易做的作品"。渐渐地，学生们会忘记最初的目标是什么，实践的过程也会变得枯燥乏味。这时，目的"通过团队自己的努力，完成自己的企划"和"开动脑筋，想办法解决遇到的问题"就变得重要了。

其实，学生们撞到"南墙"的时候，正是让他们主动思考并付诸行动的最佳时机。这时候，教师们可以暂停学生们的制作，同学生们一起探讨设计与方法，并帮助他们实现创意。

### ● 先尝试，然后让学生们思考

木材构成的车体，人坐上后就会发生挠曲。反过来，通过这个现象可以让学生们"看见"应力在车体上是如何分布的。因此，在车体的形状初步形成的时候，让驾驶员（人）坐在车上，其他人抬起安装车轮的部位，让车身悬空。然后，观察车体挠曲的状况（照片4、照片5）。这时，学生们会发现，每个团队的车体挠曲程度是不一样的。同时，让他们思考，挠曲严重的情况下，继续后面的制作会引发什么样的结果。

对于需要进行车体补强的团队，引导他们思考和探讨应该在什么位置、通过什么方法进行补强，车辆又能获得什么性能。同时，根据需要使用方材进行补强作业。

照片4 制作场景：讨论车体补强方法

照片6 行驶试验场景：刚开始能跑起来的感动

照片5 制作场景：抬起车体，验证车体刚度

照片7 行驶试验场景：团队分享感动

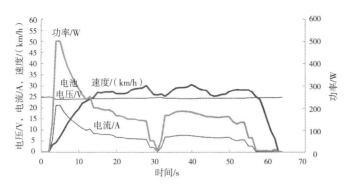

图3 行驶数据记录：模型车，停车→30km/h行驶→停车

照片8 行驶试验场景：有多种数据记录方法，这完全是靠体力取胜

● 预防问题的发生

安装电气部件的时候，不是简单地用电线将它们连接起来，而是要让学生们思考通过什么样的方法才能防止断线、触电等事故的发生。例如，可动部分的接线要留有余量，以防止断线。要防止驾驶员在上下车的位置或驾驶过程中出现触电的情况，在配线的时候应该考虑走线路径。

在制作方面，如果不事先考虑到各种各样的要素，就无法实现理想的功能。让学生们想象：如果什么都不考虑，只是埋头制作，最后完成的作品将会是什么样的？同时，也让他们思考，对于已经预见的问题，应该通过什么手段预防。让他们理解带着思考去制作的重要性。并且，通过不断地反复这样的过程，让他们得到亲身体验。

车辆组装完成后，在实际驾驶之前，一定要同老师对其各个部位进行检查，包括各种螺栓的加固、用手推动车辆测试刹车是否有效、方向盘的操作是否正常等。通过像这样的安全检查的车辆，才算真正完成。

## ■ 行驶试验

### ● 电动卡丁车的行驶，是指……

在进行行驶试验之前，要讲解说明：

· 为了让车辆行驶起来，需要能量（驱动力）
· 行驶时会有阻力（行驶阻力）
· 行驶阻力中包括空气阻力、转动阻力（摩擦力）、加速阻力、坡道阻力4种
· 行驶阻力＝驱动力时，匀速行驶
· 行驶阻力＜驱动力时，加速行驶
· 行驶阻力＞驱动力时，减速行驶

行驶试验场景，参见照片6和照片7。

### ● 如何测量功率/能量

因为参加实践课程的学生学的是电气工程专业，所以也要做相关电气实验。首先考虑如何进行电气相关的测量。测量项目为速度、电池电压、负载电流。然后让学生们观察速度与消耗功率之间的关系，观察行驶中的电池电压与消耗电流的变化，并记录下来。在一般的专业实验中，学生们按照指导书上的方法测量和计算实验数据，然后对计算结果进行分析。遗憾的是，几乎没有学生会对实验结果抱有疑问，或通过别的方法再次进行测量和验证。

因此，在我们的实践课程中，教师只根据学生的需要给予相关的指导和建议。为了让学生通过眼前的现象进行主动思考，不会明确告诉学生测量方法和条件，而是让他们在反复犯错误和纠正错误的过程中摸索和探索。学生们最开始会把注意力全部投入到如何让电动卡丁车动起来这件事当中，但他们逐渐习惯了驾驶自己制作的作品之后，就会将注意力转移到测量方法上来，并且会主动进行相关的摸索。

### ● 测量与观测

当学生们逐渐开始观察测量结果时，他们首先会注意到加速与电流消耗是成正比的。然后会发现，在电池电压变化不大的情况下，一旦负载电流增大，电压会随之下降。前者是电机产生的转矩与电流成比例所致，而后者是电池的电动势与内阻引起的端电压变化所致。

作为参考，行驶中的测量数据如图3所示。像这样，学生们会将实际驾驶车辆时体验到的加速感，与从仪表读取的测量数据关联起来，"看见"能量的变化趋势。

### ● 记录测得的数据

进入这个阶段，关于测量数据记录，每个小组

都能够想出各种方法。有的小组是驾驶员大声读出测量值而记录之。有的小组是负责记录的成员一边追着行驶的电动车，一边读取数据并记录在本子上（照片 8）。还有的小组，在仪表前放置一个摄像机，把过程录制下来。

无论哪种方法，学生们都能够把不同的行驶状态与这种状态下的测量结果关联起来，并留下深刻的印象。测量后，还要求学生将这些测量结果，与实践课程开始之初自己预估的电能消耗进行比较。关于这个问题，包括预估值和实际测量值，后面再讲述。

### ■ 展示（发布会）
#### ● 在实践课程开始时和结束时进行

在整个实践课程中，有 2 场发布会。第 1 场是在编组后，小组讨论形成创意或概念之后进行的概念发布会；第 2 场是结课报告会。

在概念发布会上，学生们会对通过小组讨论确定的构想、创意和车辆形象进行说明，并就实现这些构想、创意的方法进行讨论。在最后的结课报告会上，还邀请没有参与实践课程教学的老师参加，评价推介（展示）内容和车辆的完成度。

关于发表内容，我们会要求学生在内容中体现自制电动卡丁车的魅力所在：如何将创意和概念反映到设计上的？在制作过程中，所付出的努力和为了解决遇到的问题而产生的种种奇思妙想，以及对行驶结果的考察，这些内容也必须都反映在发表内容当中。

---

## 实践课程的效果

在这里，笔者结合学生们在实践课程中使用过的创意卡片，对迄今为止的数年间，实践课程中制作的具有鲜明特色的车辆做介绍（图 4~图 7）。

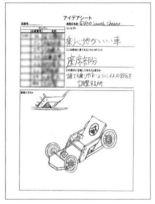
（a）创意方案

（b）完成的车辆

**图 4　学生作品：传统 4 轮车**

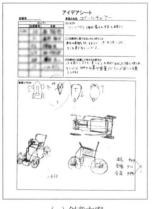
（a）创意方案

（b）完成的车辆

**图 5　学生作品：安装了转向机构，小型化（轮距很短，没想到运行困难）**

● 学生们对实践课程的感受

我们的实践课程已经开设6年了，学生们都很热衷于这门课程。在相关调查中，每一年，学生们对课程的满意度都达到了90%~100%。下面介绍一些学生们在问卷调查中写到的内容。

"与伙伴们共同制作了一台世界上独一无二的车，太令人高兴了。"

"不是预先被设定，而是按照自己的想法和创意，成功制作而成的车，从中获得了巨大的成就感。"

"原以为制作很简单。实际上，一旦制作起来，就会知道，这是非常复杂的，而乐趣也往往在于其中。"

"通过实践，理解了汽车的基本结构。"

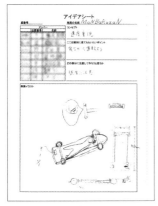

（a）创意方案

（b）完成的车辆

图6　学生作品：抛弃了驾驶座位（俯卧在车上，驾驶员惊恐万分）

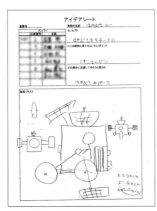

（a）创意方案

（b）完成的车辆

图7　学生作品：2座3轮车

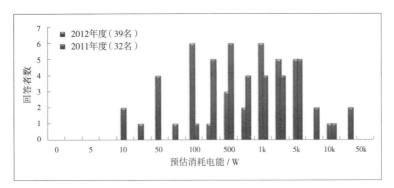

图8　电动车行驶时消耗的电能预估
电动车以时速15km/h行驶，电能消耗如何？

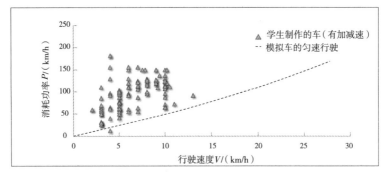

图 9　电动卡丁车消耗功率实测值
由于安装了限速器,行驶速度在 15km/h 以下,测量数据比预估的大是车辆在加速阶段的缘故

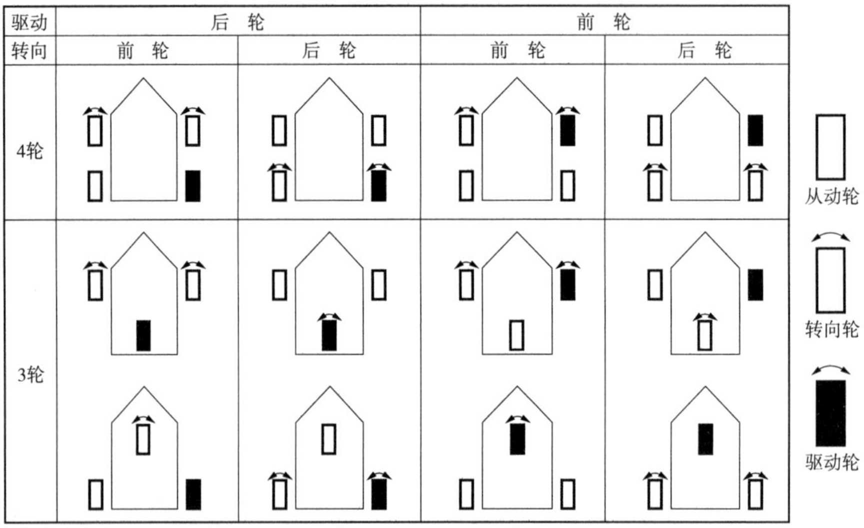

| 驱动 | 后　轮 | | | | 前　轮 | | | |
|---|---|---|---|---|---|---|---|---|
| 转向 | 前　轮 | | 后　轮 | | 前　轮 | | 后　轮 | |
| 4轮 | | | | | | | | |
| 3轮 | | | | | | | | |

从动轮

转向轮

驱动轮

图 10　车辆布置的基本样式

"为了制作出能正常行驶的车,要精工细作,并且各部分的协调也很重要。"

"确实没有想过,自己居然能制作出可以乘坐的车。"

"开上了自己制作的车,非常兴奋和激动。"

"在驾驶的过程中,观察到电池电压和负载电流的变化,体验到了电能的消耗和变化。"

"用较少的电能,居然让车快速行驶起来了,这超出了想象。"

"速度比预想的还快。"

### ● 电能教育的效果

这里,我们再来看一下,实践课程最开始的(1)阶段,学生预估的消耗功率(图8)。大多数学生都认为,驱动电动卡丁车的能量为数千瓦。当然,这是课程开始时瞎猜的。但是从这里,我们也能够看到学生对电能的认知程度。

把数值预估得较大,应该是认为电能很小吧(也

可以认为是把运动能考虑得过大)。

接着,来看行驶过程中消耗功率的情况。把学生测量的结果和教师测量的结果做比较(图9),教师测量用的是公开讲座用电动车。学生们的测量结果,数值较大,并且偏差也很大。这是由于,学生制作的电动车的性能和调整准确度不一致,导致实际消耗功率变大了。也有可能是,在匀速情况下进行测量有困难(学生车辆规格不统一),测量结果中也包含加速阻力的影响。

实际的消耗功率是数百瓦,用学生预估的数千瓦的估值减去实际数值,差值越大表明电能"比想象的要强大得多""比想象的要快得多""用比预估小的电能就可以到达这样的行驶状态",学生自然就获得了这样的感受。

### ● 实践课程之后

为了调查在一年级接受过实践课程的学生之后的学习效果,我们以高年级学生为对象进行了问卷

调查。结果显示，70%~90% 的学生还记得驾驶电动车时的感受。虽然年级不同，调查结果也有差别，但 40%~70% 的学生认为：从驾驶时的感觉与实际消耗功率的对比中获得经验很有用。

比如，他们的回答中曾提到"感觉到了电机的消耗功率大小""不是坐在座位上学习，而是亲身体验，更容易留下印象"。很多学生都给出了这样的反馈。通过实践课程，让学生们通过体验学习的方式学习电能的知识。这一点达成了预期效果。

# 木制电动卡丁车机械部件的套件化

实践课程的开展，学习套件是不可少的。如果没有开发出配套的学习套件，这个实践课程也就不可能实现。套件是包括笔者在内的老师历经多年探索的结晶。

接下来，笔者对在实践课程中使用的学习套件进行介绍。

## ■ 机械部分（主要机构套件）

### ● 适用于多种类型的车辆布置

在前面提到的限制范围内，制作电动卡丁车时，可能出现的车辆布置如图 10 所示，有多种类型。图中，电机安装在右轮位置。当然，也可以安装在左轮。实际上的车辆布置样式就更多了。

要准备满足每种样式的专用机械部件是不现实的，而且作为学习套件也不利于继续使用。因此，通过改变部件的组合形式，我们开发了能够实现各种必要功能的主要机构套件。

### ● 车轮机构部分

车轮机构的主体是从动轮（照片 9），将固定车轮的安装支架与轮轴盘组装起来，就构成了从动轮。组装驱动轮时（照片 10），把轮轴盘换成电机支架，用链条传递动力驱动车轮转动。接着组装转向机构，在轮轴盘和支架之间，插入转向节臂和轴承，就能够操控车轮左右转向（照片 11、照片 12）。

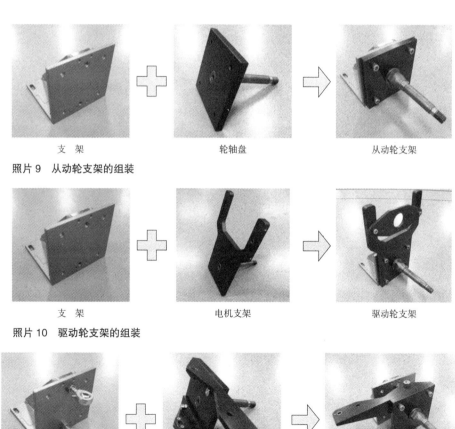

支 架      轮轴盘      从动轮支架

照片 9   从动轮支架的组装

支 架      电机支架      驱动轮支架

照片 10   驱动轮支架的组装

支架 + 转向轴承      轮轴盘 + 转向节臂      转向轮支架

照片 11   转向轮支架的组装

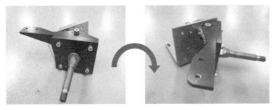

照片 12　转动轴承部位就能够转向（变换方向拍摄）

　　进而，像 FF 乘用车那样用驱动轮转向时，在轮轴盘和安装支架之间，插入转向节臂和轴承，就构成驱动转动轮（照片 13、照片 14）

● **高自由度的转向机构**

　　从转向自由度上考虑，转向机构也可以由连杆机构构成（照片 15）。左右转向轮通过一个连杆连接，左右转向节臂和转向连杆臂通过一个连杆连接。这样做的话，左右转动方向盘，就可以牵引连杆，转动车轮。

　　根据连杆的长度，可以自由布配。只要操纵连杆，就能够转向。所以，即使没有舵轮（方向盘），也是可以采用左右操作手柄的方式控制行驶方向。

　　在连杆和转向节臂的设计上，考虑到车辆的运动性能，本该采用基于轴距和轮距的阿克曼方式来提高转向性能。但是，为了适应多样的车辆布局，对于这个部分，我们刻意采用平行轮方式，以确保行驶所需的运动性能。

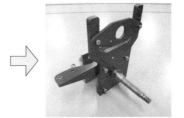

支架 + 转向轴承　　　　　　电机支架 + 转向节臂　　　　　　驱动转向轮支架

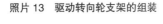

照片 13　驱动转向轮支架的组装

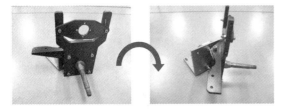

照片 14　转动轴承部位驱动轮就能转向（变换方向拍摄）

照片 15　转向机构
转向柄的节臂通过连杆的牵引和推动实现车轮转向

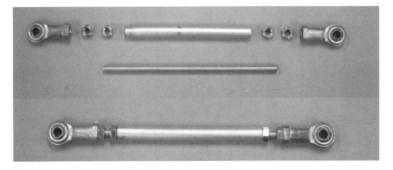

照片 16　自制的简易连杆

● **廉价连杆的制作方法**

虽然可以买到用于赛车的连杆，但价格很高。这里，笔者介绍一种简单方便、价格便宜的连杆制作方法。

连杆两端的转向轴承，用 M6 螺母和螺杆连接。将螺杆切成需要的长度，把内径大于 6mm 的铝管套在螺杆上，两端用螺母拧紧加固，以免螺杆弯曲（照片 16）。转向轴承两面都是右旋螺纹，螺杆长度只能每半圈 – 半圈地进行调整（螺丝的半个螺距）。虽然不能像使用左右螺纹的紧索器那样做微调整，但对电动卡丁车的调试来说，是可以确保精确度的。

● **采用自行车用刹车器**

为了使车辆不至于太重，这里选用自行车的刹车器。可以选择的刹车器规格有很多种。抱刹轮圈的弓形刹，对安装部位有一定的强度要求，还会限制车辆布局的自由度。与此类似，MTB 用的吊刹和 V 刹，也同样存在着安装强度和布局的问题。因此，

这里采用盘式刹车器，它是用刹车片抱住安装在车轮花鼓上的刹车盘进行制动的。

可以把盘式刹车片固定在轮轴盘上，在确保固定部位强度的同时，与车轮成为一体，不影响车辆布局（照片 17）。最近，自行车用盘式刹车器也普及起来了。如果去自行车专卖店，货架上都摆放着几种性能良好的刹车器，购买很方便。

根据车辆结构，可以安装 1 个或 2 个刹车器。驱动轮的齿轮与刹车盘使用的是同一个固定部位，因此无法制动驱动轮（除非另行加工）。刹车片通过金属线控制，用 1 个刹车柄可以牵引 2 根金属线来控制刹车片（照片 18）。

2 轮制动，特别是前轮制动时，由于左右制动力存在差别，所以需要分别对刹车柄进行微调整。如果采用油压式制动盘，就可以省去微调整。然而，通过一个标准气缸控制 2 个自行车油压式制动盘的部件，在商店里是买不到的。因此，现在我们也在开发适用于教学的刹车器。

**照片 17　盘式刹车器**
固定在轮轴盘上，布局自由度较高

**照片 19　电机和控制器**
CQ 套件，电源线和传感器信号线分别以连接器连接。驱动板固定在两块铝制防护板之间

（a）刹车柄正面：牵引线与自行车用的刹车线相同

**照片 18　刹车柄**

（b）刹车柄背面：同时牵引 2 根线，还配置了复位弹簧

（a）踏板正面：旋转轴部位安装着位置传感器

（b）踏板背面：配备了复位弹簧

照片 20　加速踏板

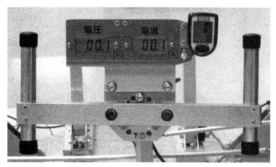

照片 21　驾驶员使用的显示仪表
显示驱动板输入电压、电流和速度，尽量用大字符显示仪表，简单
且易观察

## ■ 电气部分

### ● 使用 "CQ 无刷电机和逆变器套件"

我们使用 "CQ 无刷电机和逆变器套件" 来实现电动卡丁车的动力控制。

在逆变器 / 驱动板上，我们把标配 MOSFET 更换为大电流 MOSFET。并且，在相同的输入回路中，没有使用保护电路，配线类都是焊接而成的。实践课程中，为了防止因配线连接错误而导致电路损坏，电池和电机的配线都采用连接器组件（照片 19）。另外，电池使用的是易于安装的 12V 铅酸蓄电池，2 个并联。

### ● 加速器为脚踏式

根据学生们的强烈愿望，加速器为脚踏式（照片 20）。在电压信号检测方面，采用了汽车上使用的位置传感器。踏板上配备了弹簧，脚从踏板上离开时，踏板就返回原位。

加速器信号，就是驱动板的输入电压信号。除了已经介绍的方法，也可以使用电动踏板车的手柄，或者就使用电位器。但是，考虑到安全性，从加速

开始到手或脚离开时，电机的驱动电压应该自动渐变到 0V，所以只要不是特殊的运行姿势和转向，就不应该使用电位器。

### ● 加速器的调整

考虑到驾驶员的驾驶经验和电动卡丁车的用途，加速操作灵敏度的调整和电机输入电流的限制也是有必要的。以笔者使用电动卡丁车的实践教学和讲座的经验来看，成年人能够做到一边确认安全一边谨慎驾驶，可是孩子们（尤其是高中生），即使进行安全教育之后，也常常因兴奋而全速行驶。

电机程序的初始状态为，以最高的灵敏度生成加速信号。从安全性和开关器件的保护角度考虑，笔者建议，在电机初始状态的基础上重新调整灵敏度。在实践课程中，我们延迟了加速器的加速响应，在脚离开加速踏板时，让车辆均匀减速。原本也是打算使用限流器的，但是可以通过改变 MOSFET 的占空比上限，简单地限制过大的电流。

当然，进行这样的变更，相对于操作指令，车辆的动作就变得迟钝起来。那么，我们应该讨论一下电动卡丁车的使用目的：让它小巧、灵便，快速行驶？还是严格地进行能量管理，实现节能行驶？在安全运转的前提下 "体验行驶"？我们要在明确了目的的基础上，再做必要的调整。

### ● 显示仪表

通过仪表显示的参数，有电机驱动板的输入电压和输入电流，还有速度。显示器包含 2 个数显直流电压表和 1 个自行车用速度计（照片 21）。一个电压表测量电池电压，也就是电机驱动板的输入电压；另一个电压表测量电力线上的串联电阻（1mΩ）的两端电压，间接测量电机输入电流。

自行车用速度计的工作机理是，在车轮内侧安

装一块磁铁，用磁传感器计量车轮的转速，最后得出车辆行驶速度。本来，为了让学生们观察行驶中电压和电流的变化，使用的是指针式模拟显示仪表，这样能够通过指针的振幅来读取数值。可是，实际中，当学生驾驶车辆时，很难将注意力分配到仪表指针的变化上来。因此，我们改用了数显电压表。另外，从容易读数的角度出发，尽量选择大字符显示仪表来显示运行数据会更好。

### ■ 指导书

使用课程中提供的主要机构套件，组装车轮机构时，用螺栓和螺母把各部件连接起来。使用的螺栓规格基本都是 M6，但不同部件使用的螺栓长度不同。这样，确保按照正确的方式来组装车辆。但是，口头说明组装方法，总会有一定的局限性，所以，主要机构套件的组装，必须使用组装指导书（图 11）。

在指导书中，既标注了用于组装的螺栓、螺母、垫片等的实际尺寸，为了防止组装错误，也明确标注了固定通孔的顺序编号。

# 公开讲座用的电动车

每年，笔者都举办以中小学学生为对象的公开讲座，进行电动卡丁车电能体验教学。面向小学生

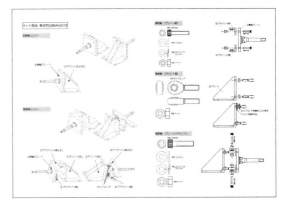

**图 11　组装指导书**
螺栓等的图纸尺寸为原大，以防止选错零件。而且，对组装顺序也做了详细说明

照片 22　公开讲座用的组装式电动卡丁车

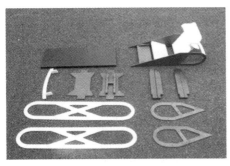

（a）A 型

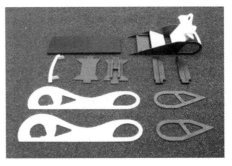

（b）B 型

照片 23　公开讲座用电动卡丁车套件有 2 种

的教学内容，有电能基础知识的讲解和电动卡丁车的试乘体验。而面向中学生的讲座为期2天，将制作和电能体验教学融合在了一起。

第1天的课程，讲解电能的基础知识，组装电动卡丁车。第2天的课程，讲解车辆行驶过程中的能量消耗，试运行组装完成的电动卡丁车。接下来，我们也对面向中学生公开讲座用的组装式电动卡丁车、遥测系统进行简单说明。

## ■ 组装式电动卡丁车套件

### ● 使用实践课程中的电动卡丁车机构套件

照片22是公开讲座用的电动卡丁车。车体是组装式的，车轮机构由实践课程中使用的机构套件构成。设计是本校设计系的教练完成的，外形也很漂亮。这辆车完全是木制的，以座位为中心，组装两侧结构件，最后组成整车。照片23所示的车体套件中，

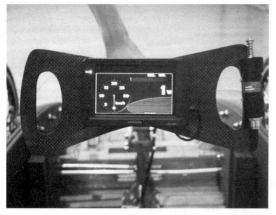

照片24 安装在方向盘上的仪表（初期）
眼睛盯着仪表，不能集中精力观察路况

照片25 安装在方向盘上的仪表（现在）
这样能看清楚的人就多了

组装件的固定都进行了预先开孔，转向机构的杆件等也是事先调整好的，不需要进行二次加工，直接使用螺栓就能够完成车辆组装。

预先准备2辆电动卡丁车的套件，每辆车由约5人组装。作业中，由1名本校的太阳能车项目组的学生进行协助，其中包括工具的使用说明等，以保障车辆组装作业的进行。组装电动卡丁车需要3~4h，作业过程也适当设置了休息时间。由于大家都是全神贯注地进行电动卡丁车的组装作业，所以时间很快就过去了，不知不觉中就完成了作业。

### ● 遥测系统

如照片24所示，早期讲座中使用了精心设计、制作的显示仪表。但是，在举办过的几次公开讲座中发现，对初中生来说，无论驾驶技术多么好，也很难在行驶中读取到仪表显示数据。因此，我们使用了改进版仪表，如照片25所示。让仪表显示字符变大，能更容易读取到运行数据（让驾驶员集中精力关注安全行驶）。

进一步，现在举办的讲座中，我们以Zigbee无线通信方式将电动卡丁车的速度和消耗功率等测量数据传送到计算机上，并以图表方式显示出来。这样就能很容易地把电能的大小以曲线的方式显示出来，然后把消耗功率与同功率家电产品进行对比，反映在同一幅曲线图上（照片26）。接收信号的计算机程序，是用美国国家仪器（NI）公司LabVIEW编写的。

通过这个遥测系统，等待出场的中学生们，就可以仔细地观察到电动车运行过程中的消耗功率的变化。

### ● 公开讲座场景

凡是参加讲座的中学生，对可以自己动手组装电动卡丁车，然后驾驶车辆体验行驶过程，都表现得极为兴奋和感动。行驶试验的时候，肯定痴迷于

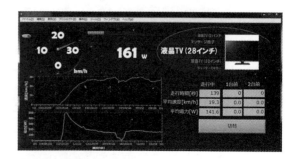

照片26 遥测画面
消耗功率和速度的变化以曲线显示

照片 27　公开讲座场景
体育馆中疾驰的电动车

照片 28　公开讲座场景：保护人员也参与其中
手指电脑者为笔者

驾驶，而等候期也目不转睛地观察遥测数据曲线，考虑如何驾驶才能使消耗功率尽可能小。也有前来咨询，希望获得建议的学生（照片 27）。

另外，还常常出现这样的场面：参观讲座的学生家长，一边观看演示，一边与学生交流、讨论"为了降低消耗功率，采用怎样的操作会更好一些"（照片 28）。特别是与同功率的家电产品对照，让学生们对电能大小的体会变得深刻起来。

# 小　结

笔者在学生时代就专心于比赛用太阳能车的研究，不仅制作车辆，还做过驾驶员。迄今为止，驾驶太阳能车行驶总里程超过了 6000km。太阳能车比赛是从预测天气开始的，行驶过程中还要对"输入的能量""存储的能量""消耗的能量"进行分析、管理和调控，可以说是一项"烧脑比赛"。比赛中，驾驶员要紧盯仪表上的功率（或电流）变化，还要时刻考虑如何节约能量驾驶车辆。

基于这些经验，笔者开展了"电动卡丁车制作"的授课，也开始开发了这套"电动卡丁车制作学习套件"。

衷心期望各位读者能够感受到和笔者一样的车辆制作过程中的乐趣、完成后的感动，从经验和试错中学到更多的东西。有很多人，虽然想与学生们一起挑战太阳能车和 EV 制作，也想开展体验学习，却苦于不知道使用什么样的教材为好。笔者希望通过本文，可以解除各位的这些烦恼。如果对各位有所帮助，那也是笔者的荣幸。

**笔者介绍**　　　　　　　　　　　　　　　　齐藤纯
*Salesio* 工业高等专科学校　电气工学系副教授

虽然毕业于信息通信类大学，却熟知并可以熟练地进行电子电路制作，车床和铣床的金属加工，FRP、CFRP 等复合材料的成型，可谓是爱好广泛的"杂家"。

原本就喜欢汽车的齐藤先生，在学生时期的毕业设计课题中接触到太阳能车。在参加穿越澳洲大陆的比赛中，目睹只用太阳能作为动力的太阳能车奔驰在一望无际的地平线上的壮观情景，人生观发生了改变（意外改变了道路吗？）。他就是这样一位，一直在研究、教育的道路上前行的行者。

从学生时代至今，参加过 19 届国内比赛，5 次远征海外。现在也参加本校的太阳能车比赛。最近，相对于驾驶而言，兴趣点转向教练工作。

# 力争 EV 比赛冠军，
# 明确目标值，进行电机控制

## ——2014 年 CQ EV 卡丁车袖浦赛冠军报告

〔日〕横川与英　执笔｜罗力铭　译

在自制 EV 比赛中，太阳能车比赛和节能行驶比赛的历史较为悠久，参与者众多。但是，是否只要具备电子相关工作经验就能够参加呢？从这一点来讲，无论是电机控制，还是整个"造车"工作，门槛还是比较高的，并不是谁都能轻而易举地完成车辆的手工制作。因此，从 2014 年开始，作为入门级比赛，结合"CQ EV 卡丁车套件"＋"CQ 无刷电机和逆变器套件"的单一品牌赛事，每年分春、秋两季举行。随着"造车"的套件化，组装可在数小时之内完成，电机是手绕的，可以任意选择绕线方式；控制器的硬件或软件可修改，也可替换为新的软件。电子制作部分的自由度也是极其高的。而且，从零开始到完成可行驶的车辆，制作所耗费的时间非常短。由于电动部分和车身部分是同一品牌，所以，有人认为所有车的速度基本上差不多。但是，从比赛结果来看，差异是很大的。本文是 2014 年秋季比赛冠军选手撰写的报告。冠军选手虽然是电子工程师，但是完全没有 EV 比赛经验。他在春季比赛中获得第 4 名，与奖杯失之交臂；在秋季比赛中成功逆袭。他在参赛前进行的技术攻关，让编者产生了非常浓厚的兴趣。

（编者按）

## 引　言

"既然你喜欢从事电子相关的工作，为何不挑战一下 EV 卡丁车比赛呢？"如果有人这样问你，你会怎么回答？

"虽说是卡丁车，但也是车呀！车轮部位的改造和车身的成型、电机的结构和控制……这些都不是自己所从事的专业领域，也没有时间，笔者肯定不行……"这是不是你脑海中最先浮现的答案呢？

但是，在参加使用"CQ 无刷电机和逆变器套件""CQ EV 卡丁车套件"的 EV 比赛时，套件已经包含了制作赛车所需的最简配置，通过简单的焊接、组装，任何人都可以站到发车点。

没有必要一参赛，就要求自己获得好成绩。在积累实践（实战）经验的过程中，EV 卡丁车的性能和自身的技术都能够得到很好的提升。

而且，最重要的是，让自己组装的电机能够与 EV 适配，使 EV 能够在真正的赛车场行驶！大家是不是也跃跃欲试了呢？

在电机和 EV 领域，作为外行的笔者，怀着驾驶自己亲手制作的 EV 的梦想，走进了这个世界。首战中，虽然因为作战失败而与奖杯失之交臂；但在第 2 战，最终斩获冠军（照片 1、照片 2）。虽然也有运气的成分，但也说明"谁都有可能成为冠军"！

本文从决定参赛的过程和如何参赛出发，围绕电机套件和卡丁车的组装做重点介绍。

照片 1　2014 年 EV 卡丁车袖浦赛中的"fermata"号（领先）

照片 2　2014 年 EV 卡丁车袖浦赛的颁奖仪式
第 1 名为笔者，第 2 名为矶村翼，第 3 名为今村康介

## 决定参赛的过程

### ● 比赛通知

2014 年 11 月，在千叶县袖浦举办的正式比赛是笔者参加的第 2 次比赛。笔者第 1 次参加的是 2014 年 5 月在秋田县大泻村举办的比赛。

当然，笔者并不是比赛当天才突然决定参加的。在此之前，需要进行事前的参赛登记并准备满足比赛要求的电机和车体。如果是远途征战，还要考虑物流方式。

收到比赛通知后，要留意比赛规则和比赛时间，并制作日程表（表 1）。

### ● 寻找规则的灰色地带？

通常，在发布比赛通知的时候，也会同时发布比赛章程（规则）。规则对车体和电机、车手（驾驶者）的着装也做了要求，需要仔细确认。特别是，EV 卡丁车也是 EV 的技术教材，大幅改造等是被严格限制的。反过来说，正因为有了这些限制，每个人都有参赛并获得好成绩的机会。

当然，规则没有明确禁止的内容，可以视为"可以实施"。熟悉了比赛之后，利用规则的灰色地带，制作出性能惊人的车辆也是参赛策略之一。只要参加过比赛，你就会明白，采用这一策略的大有人在。当然，这样做也存在着风险，那就是无法通过正式比赛前的车检，被判定为"不可参赛"。一有不明白的地方，就应该向主办方咨询。实际上，笔者也进行了多次咨询。有时候得到的答复与自己的预想恰恰相反，令人愕然不已；也有时候会产生争议，这时主办方会重新发布补充信息或追加信息。

总之，从头到尾仔细阅读并理解、确认比赛规则这一点极其重要。

### ● 信息收集，事关胜负

随着比赛日临近，"既然参加比赛，那就要名列前茅。再不济，至少得走完全程！"这样的心情会越来越强烈。为了不辜负这样的心情，就必须准备与赛道形状和比赛规则相适应的电机和车辆。

特别重要的是，采取应对赛道高低差的措施。受电机特性的影响，有时候会出现车辆无法爬上陡坡的情况。EV 卡丁车上使用的电机套件是指定的，所以赛道的最大坡度决定了电机线圈的绕线方式。

如果是每年都开展的比赛，通过访问赛车场的官网，或者通过网络咨询有参赛经验的人，都可以

表 1　从发布袖浦赛事通知到正式比赛的时间表

| 8 月 | 9 月 | 10 月 | | 11 月 |
|---|---|---|---|---|
| 8 日 | | 10 日 | 16 日⇔30 日 | 16 日 |
| 比赛通知 | | 发布规则 | 报名开始　报名截止 | 比赛当日 |

获取到关于赛道的相关信息。

### ● 比赛胜负的较量，从报名那一刻就已经开始了

有的比赛规定，预选赛的参赛时间根据比赛报名（申请）顺序决定。为了能够观察到其他参赛队伍的情况之后再进入比赛，有人会在报名时间邻近截止的那一刻再报名。

### ● 减　肥

很多比赛对包含车手（驾驶者）装备在内的体重做了规定。如果体重超限，请毫不犹豫地先向减肥发起挑战。

### ● 车体调试准备

根据赛道和规则，对目前使用的车体和电机进行调试。想获得更好的名次，就要通过精心的调整来实现性能提升。特别是变更幅度较大时，应同时考虑零部件的入手难度，以确保有充足的准备时间。原以为在市场上可以买到的零部件，实际上要等待好几周到 1 个月才能到货，这种情况并不少见。

## 制定比赛的战略

### ● 是稳重派，还是速度狂？

既然决定了参加比赛，那就要制定战略。

EV 卡丁车比赛，车辆行驶时间是有限制的（秋田赛是 1h，千叶袖浦赛是 30min）。在该时限内，行驶圈数多的获胜。也就是说，在规定时间结束时，通过终点线的次数、行驶圈数相同时通过终点的时间排名决定了比赛成绩。

因此，在规定时间内完成尽可能多的行驶圈数，在到达终点的那一刻，电池电量也刚刚消耗完，是最理想的状态。笔者认为，这里可以采取两个策略。

（1）节能行驶策略

在整个比赛时限内行驶，采取一边控制速度，

一边控制电池电量消耗的策略。哪怕比其他赛车慢，只要最后哪怕能多走 1 圈，就能获胜。但是，如果行驶圈数与速度快的赛车相同，即使停止地点更接近终点，也是最后踩线时间早的一方获胜。如果速度快的车先踩线，那速度慢的这方就输了，所以不能肯定地说该策略合适。

**（2）飙速策略**

尽可能提高速度，比任何人都快速地获得行驶圈数。万一在规定时间内电池电量耗尽而停止，只要没被速度慢的赛车超过圈数便可取胜。但是，速度越快，电流（铜损）和涡流（铁损）导致发热引起的电量消耗就越多。即使所用电池的所有条件都相同，这种情况下电池的续航距离，毫无疑问要比节能行驶时短很多。如果被速度慢的车赶超 1 圈，就必败无疑了。

● **袖浦赛的战略**

袖浦赛的场地为"袖浦森林赛道"（千叶县袖浦市），1 圈为 2.4km，是可以举办各种比赛的正规赛车场（图 1）。对 EV 卡丁车来说，赛道比较长。另外，中途有 2 个高低差很大的坡道。可以想象，爬坡时电池电量的消耗是非常大的。

袖浦赛中，CQ 出版社会提前公布 2 圈的试跑数据（图 2）。由此，可推测出 30min 内能跑 4~5 圈就是极限了。在这样的前提下，笔者从袖浦赛道布局和 EV 卡丁车的标准特性两方面考虑，确定了 4 个目标。

**（1）最少跑 4 圈**

快结束时，如果电池电量低，是很难跑完 1 圈

的。所以，笔者制定的目标是，脚踏实地地跑完 4 圈，尽可能跑 5 圈。

参加比赛的次数多了，你就会发现，凡是想获奖的车手，一定会设定一个具体的目标值。否则，电机规格的选型和控制软件的开发就变得毫无效率。

**（2）用尽电池电量**

笔者把在规定时间内尽可能地用尽电池电量也作为目标之一。该目标的设定，是基于笔者上次参加秋田大潟村比赛的失败经验总结出来的。当时，因为是首次参赛，害怕电池电量用尽，行驶过程中严格控制行驶速度，结果在结束（时间到了）时，电池电量还剩 20% 以上。

**（3）爬坡时保持速度**

EV 卡丁车在平地上行驶 30min，电池能维持的极限速度为 40km/h 左右。另一方面，像袖浦赛道那样，下坡较长的情况下，无论是什么样的控制设定，光靠重力加速便可达到 40km/h。也就是说，下坡时所有车辆的速度基本上不会受技术差异的影响，下坡的最快速度很难决定胜负。

**（4）利用再生制动充电**

提高爬坡速度，就意味着电池电量的消耗增大。笔者也知道，不能指望短时间内利用再生制动对铅蓄电池充电能有多大效果，但是抱着尝试的心态，将控制器设置为下坡快结束时实现再生制动充电的状态。

像这样设定目标，如果能够达成，就算拿不了冠军，进入前 3 名也是非常有希望的。而且，目标明确的话，开发也会变成一件有趣的事情。

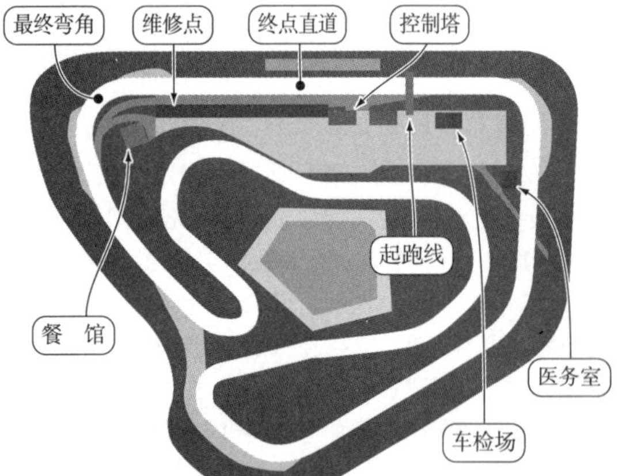

**图 1 袖浦赛道布局**
晶体管技术 JR，2014，9–10：40

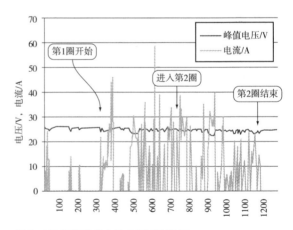

**图 2 CQ 出版社公布的 2 圈试跑数据**
晶体管技术 JR，2014，9–10：40

## 着手硬件的改造

### ● 控制器板的改造

"CQ 无刷电机和逆变器套件"的控制器套件，包含了用于驱动 EV 卡丁车的最简必需部件。也就是说，只要有电烙铁等日常电子制作工具，就可以轻松地进行车辆制作。但是，这个电机和逆变器套件是为无刷电机的设计与控制技术的实践课程而开发的，如果 EV 卡丁车仅依赖它们实现控制，多少有些不便之处。

在比赛前，不能直接把它装到 EV 卡丁车内就不管了。但遗憾的是，实际上基本没有什么机会可以大胆地进行试跑。多数情况都是自己在家里的工作台上进行作业，而且需要反复实验来进行验证。因此，在反复实验的基础上，笔者对控制板进行了改造，使其更易于操作。

#### 使控制板更容易拆卸

套件的控制器部分包含装有 MOSFET 的驱动板、装有 V850 的 CPU 板、与电机部分直接连接的传感器板等，并且通过配线与电机和电池（2 个铅酸蓄电池）相连，最后搭载在 EV 卡丁车上。出于维修性的考虑，笔者采用连接器进行连接（照片 3）。如果是动力系统电力线，虽然有点担心这种连接方式多少会增大电阻，但笔者认为，这样做带来的效果远远超过电流增大带来的弊端，因此增加了以下几种连接器。

·霍尔传感器电缆连接器（电缆侧和控制器侧）
·加速电位器电缆连接器（电缆侧和控制器侧）
·接线端子板（控制器和电机线圈引出线的接线）

如果完全按照套件的说明书进行组装，控制器和电机通过电缆（在汽车行业，一般称为"线束"）

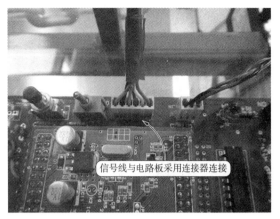

信号线与电路板采用连接器连接

**照片 3 逆变器板的信号线尽可能使用连接器连接**
出于维修性的考虑，信号线与电路板的连接也采用连接器

连接。实际安装到 EV 卡丁车上，或者因改造、故障等需要更换时，这种结构是非常不方便的（专栏 A）。

霍尔传感器与加速器的电缆连接器，在振幅为 2.54mm 以内的振动中不出现脱落就可以了。笔者使用的是大多数零件商店都有售，很容易买到的 Molex5045/5051 系列。

电机线圈引出线是接到接线端子板的（照片 4）。虽然一般不会出现电机电流过大的情况，但选型时还是要留出充足的余量。

### ● 电缆的强化

套件中含有用作电机 3 相电力线的 $5.5mm^2$ 电缆，用作电源线的 $3.5mm^2$ 电气设备用聚氯乙烯绝缘电缆（KIV）。使用这些电缆当然是没有问题的，但是，笔者还是将电缆换成了更粗的（粗 1 个等级）。笔者判断，即使是很短的一段配线，电缆加粗哪怕一点点，也可以达到减少电压下降和铜损（电阻产生的发热）的效果。

---

**专栏 A　失败乃成功之母：区分各种接口的连接器形状**

为了了解 EV 卡丁车的控制状态，笔者制作了搭载微处理器的显示器。从电压、电流到 PWM 占空比、电机转速，只要自己能想到的想要显示出来的数据，都可以通过增加传感器和配线显示出来。笔者用了平时经常使用的连接器，而且所有配线的连接器都是相同的。当然，连接器的端子信号是各不相同的。这就需要对显示器进行改造。而且，接线错误会导致所有的努力功亏一篑。这样的状

况，笔者也真正遭遇过。

笔者误将电池的 24V 电源线接到了电流检测传感器的连接器。在打开电源的瞬间，显示器迸发出火花，里面搭载的微处理器和 LCD 都寿终正寝了。

区分电源与传感器的连接器形状，或者标记不同的颜色，都是防止接线错误的必要手段。当然，努力防止人为错误也很重要。

**照片4 电机的3相线也通过连接器连接**

判断依据为如下的计算结果。电源、电机配线使用的电缆为表2中的规格。

● **损耗计算**

假设连接到电机的电缆长度为50cm，流过的电流为20A，则电缆引起的损耗如下。

・损耗

$P_\mathrm{d}=R \times I^2$

　　　= 每米导线的电阻值 × 导线长度 × 电流$^2$

・3.5mm$^2$ 电缆的损耗

5.09m$\Omega$ ×0.5m ×2（往返）×（20A）$^2$

=2.04W

・5.5mm$^2$ 电缆的损耗

3.27m$\Omega$ ×0.5m ×2（往返）×（20A）$^2$

=1.31W

・8.0mm$^2$ 电缆的损耗

2.32m$\Omega$ ×0.5m ×2（往返）×（20A）$^2$

=0.93W

一般不会有持续流过20A电流的情况。但是可以预见，车辆爬坡或加速时会产生20A以上的电流。与电机控制编程不同，更换电缆很容易，不必攻坚克难，就可以减小30%的损耗。所以，笔者无条件地更换电缆。

另外，没有经过锡焊的驱动板，电机线安装孔

**表2 KIV 电线的规格**

| 尺寸（截面积） | 允许电流 | 电 阻 |
|---|---|---|
| 3.5mm$^2$ | 37A | 5.09$\Omega$/km（5.09m$\Omega$/m） |
| 5.5mm$^2$ | 49A | 3.27$\Omega$/km（3.27m$\Omega$/m） |
| 8.0mm$^2$ | 61A | 2.32$\Omega$/km（2.32m$\Omega$/m） |

可通过8mm$^2$电线，电源线安装孔可通过5.5mm$^2$电线。一旦对套件中的电缆实施了锡焊，更换时在安装孔处残留焊锡则在所难免，这时很难再安装更粗的电缆。如果之后要安装控制板（计划实装到EV卡丁车时），笔者建议从一开始就选择较粗的电缆。

还有，用与端子板连接的接线端子压紧电缆线头后，应进行充分的浸锡焊接。

● **MOSFET 的强化——计算发热**

想让EV卡丁车跑起来，就必须强化MOSFET。

MOSFET种类繁多，选择困难。"通态电阻"是MOSFET的重要参数之一。选型时，最好选择通态电阻较小的类型（很明显，这个电阻会白白浪费电能）。但是，通态电阻小的MOSFET也有缺点，其频率特性不是很好，高速开关时的损耗较大。那么，寻找通态电阻低、开关速度快的MOSFET不就行了？这样，又会出现耐压变低等情况。结果就是，在满足绝对额定值的前提下，折中考虑。

首先要确认，MOSFET是否具备本届比赛所需的驱动能力。当然，除了确认MOSFET的额定电流是否满足40A，也需确认损耗引起的发热是否会导致故障。MOSFET损耗有3种：通态电阻损耗、开关损耗、二极管损耗。各损耗可按照下述公式计算。

（1）**通态电阻损耗**

$P_\mathrm{ON}（\mathrm{W}）=R_\mathrm{DS} \times I_\mathrm{D}^2 \times \mathrm{Duty}$

式中，$R_\mathrm{DS}$ 表示FET的通态电阻（$\Omega$）；$I_\mathrm{D}$ 表示流过MOSFET的电流（A）；Duty表示PWM占空比（%）。

（2）**转换损耗（近似公式）**

$P_\mathrm{SW}（\mathrm{W}）=1/6 \times V_\mathrm{DS} \times I_\mathrm{D} \times（t_\mathrm{on} + t_\mathrm{off}）\times f$

式中，$V_\mathrm{DS}$ 表示驱动电源电压（V）；$t_\mathrm{on}$ 表示开通时间（s）；$t_\mathrm{off}$ 表示关断时间（s）；$f$ 表示PWM频率（Hz）。

（3）**二极管损耗**

$P_\mathrm{PD}（\mathrm{W}）=V_\mathrm{SD} \times I_\mathrm{D} \times（1\text{-}\mathrm{Duty}）$

式中，$V_\mathrm{SD}$ 表示寄生二极管的正向压降。

● **套件标配 MOSFET 的损耗计算**

首先，套件附带的MOSFET（IRFZ48V）可按照下述条件计算损耗。

$V_\mathrm{DS}=24\mathrm{V}$，$I_\mathrm{DS}=30\mathrm{A}$，$f=20\mathrm{kHz}$

$R_\mathrm{DS}=12\mathrm{m}\Omega$，$t_\mathrm{on}=207.6\mathrm{ns}$，$t_\mathrm{off}=323\mathrm{ns}$

$V_\mathrm{SD}=0.5\mathrm{V}$

・占空比为100%时的损耗

$P_\mathrm{ON}=0.012 \times 30^2 \times 1.0=10.8$（W）

$P_\mathrm{C}=P_\mathrm{ON}=10.8$（W）

・占空比为70%时的损耗

$P_{\text{ON}}=0.012 \times 30^2 \times 0.7=7.56$（W）

$P_{\text{SW}}=1/6 \times 24 \times 30 \times$（207.6+323）$\times 10^{-9}$
$\qquad \times 20 \times 10^3$
$\qquad =1.27$（W）

$P_{\text{PD}}=0.5 \times 30 \times$（1-0.7）$=4.5$（W）

$P_{\text{C}}=P_{\text{ON}}+P_{\text{SW}}+P_{\text{PD}}=7.56+1.27+4.5$
$\qquad =13.3$（W）

根据得出的损耗，按下述公式可计算出环境温度 $T_{\text{A}}=30°$ 时的结温。

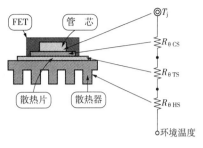

图3　散热器 + 散热片的发热量计算

### ● 结温计算

$T_{\text{J}}$（℃）$=P_{\text{C}}$（W）$\times R_{\theta\text{JA}}$（℃/W）$+ T_{\text{A}}$（℃）

式中，$R_{\theta\text{JA}}$ 表示热阻（无散热器：62.5℃/W）；$T_{\text{A}}$ 表示环境温度。

　・占空比为 100% 时

　　$T_{\text{J}}=10.8 \times 62.5+30=705$（℃）

　・占空比为 70% 时

　　$T_{\text{J}}=13.3 \times 62.5+30=861$（℃）

如上所述，套件附带 MOSFET 的发热很容易超过其额定结温的最大值（175℃），根本无法使用。为了抑制 MOSFET 损耗带来的温升，需要使用散热器降低热阻。

尝试安装驱动板说明书上介绍的散热器（水谷电机工业的 PUG16-25）进行验证（图3）。

### ● 散热器的效果

含散热器的热阻计算如下。

$R_\theta=R_{\theta\text{CS}}+R_{\theta\text{TS}}+R_{\theta\text{HS}}$

式中，$R_{\theta\text{CS}}$ 表示结壳热阻；$R_{\theta\text{TS}}$ 表示散热片的热阻；$R_{\theta\text{HS}}$ 表示散热器的热阻。

　・占空比为 100% 时：

　　$T_{\text{J}}=10.8 \times$（1+0.35+14.8）$+30=204$（℃）

　・占空比为 70% 时：

　　$T_{\text{J}}=13.3 \times$（1+0.35+14.8）$+30=245$（℃）

虽然 500℃ 以上的温度可以降低，但发热依然严重，无法使用。总之，要想让 EV 卡丁车能够跑起来，需要采用通态电阻较小的 MOSFET 和热阻较小的散热器。

### ● 代替 MOSFET 的选择

笔者最终将 MOSFET 变更为 IRFP4368（IR 公司），散热器也改大了些，并且使用了热阻较小的散热片。另外，为了方便 MOSFET 故障时更换，将散热器单独安装在 MOSFET 上（照片5）。

损耗和发热状况如下。

　・占空比为 100% 时：

　　$P_{\text{ON}}=0.00146 \times 30^2 \times 1.0=1.31$（W）

　　$P_{\text{C}}=P_{\text{ON}}=1.31$（W）

　　$T_{\text{J}}=1.31 \times$（0.29+0.26+13.6）$+30$
　　$\qquad =48.5$（℃）$< 175$℃

这样就好了！

　・占空比为 70% 时：

　　$P_{\text{ON}}=0.00146 \times 30^2 \times 0.7=0.920$（W）

　　$P_{\text{SW}}=1/6 \times 24 \times 30 \times$（263+430）$\times 10^{-9}$
　　$\qquad \times 20 \times 10^3$
　　$\qquad =1.66$（W）

　　$P_{\text{PD}}=0.7 \times 30 \times$（1-0.7）$=6.3$（W）

　　$P_{\text{C}}=P_{\text{ON}}+P_{\text{SW}}+P_{\text{PD}}=0.92+1.66+6.3$
　　$\qquad =8.88$（W）

　　$T_{\text{J}}=8.88 \times$（0.29+0.26+13.6）$+30$
　　$\qquad =156$（℃）$< 175$℃

这样的数字是可以的！

计算中所用的电流值为 30A，比最大值 40A 要小。笔者推测，行驶时的电流值大概为 20~30A，所以假设其为 30A。如果用 40A 进行更保险的计算，结果可能是需要更大的散热器。将条件放宽、采用较小的散热器，虽然可以让结构变得更简单，但在实际行驶中，MOSFET 有可能出现故障。

即便如此，还是要尽量避免过度使用散热器，最好采用较简单的结构。其中的分寸把握，需要根据实际的数值和经验进行判断。

### ● 霍尔传感器电缆的补强

霍尔传感器电缆可使用套件中的配套电缆。但因为其中的电机原本是为实验设计的，所以非常精细和敏感。如果只是将电缆通过锡焊连接到传感器板，行驶时的振动和电机的拆装，极有可能导致电缆焊接部位断线。因此，在电缆焊接部位，笔者使用环氧树脂类胶黏剂等进行了固定补强（照片6）。

照片 5　安装的散热器

照片 6　霍尔传感器电缆补强
显示较模糊的位置使用了环氧树脂类胶黏剂进行固定

● 再生制动开关配线的延伸

控制器（CPU 板）附带的默认固件（V850 内置闪存 ROM 内写入的软件）内含有再生制动功能。所以，可通过驱动板上的按钮开关启用再生制动功能。

但是，这样的话，在驾驶 EV 卡丁车行驶的过程中，驾驶员要将手绕到背后去按开关（电机 / 控制器设置在后轮部位），毫无实用性。因此，笔者决定将按键开关的配线延伸到转向把（附近）。但是，套件配套的开关很难安装到转向把部位，经过一番苦思，最终采用了在摩托车店找到的、可安装在转向把上的急停开关（照片 7）。并且，使用 3D 打印机制作了一个看起来很酷的外壳。

## 无刷电机的设定

● 如何决定电机设定？

如何绕线？线径、匝数设定为多少？直到最后，笔者都受这些问题的困扰。CQ 无刷电机有 18 个槽（线圈），平均每相有 6 个线圈，可以选择串联或并联（图 4）。那么，笔者是如何决定和选择的呢？看下面的内容。

（1）确定基本行驶性能

决定行驶性能的依据为 40A 的限制、20 匝状态下的驱动力图（图 5）。这是参加 CQ 出版社举办的无刷电机实践课时，在电子工程学讲座（高桥道夫，内山英和）上获得的资料。

袖浦赛道的最大坡度有 4.2%，所以要确认扭矩能否超过图表中坡度为 4% 时的行驶阻力。套件中电机线圈的绕线方式有 6 种，采用 6 串、3 串 2 并、

2 串 3 并、6 并中的任一种绕线方式都可以应对 4% 的坡度。

如果设定为 2 串 3 并，平地行驶时的速度可达到 40km/s 左右。但是面对 4% 的坡度，好像只有采用 3 串 2 并的方式，还可以进行些许提速。

（2）进一步提高爬坡速度

如果可以加大电源的输出电流，2 串 3 并的绕线方式是可以提高速度的。但笔者当时考虑的是以下几种方法，通过改变线圈匝数来提高速度。

·2 直 3 并增加匝数
·3 直 2 并减少匝数

笔者手上有大泻村比赛中使用过的 3 串 2 并 18 匝电机。虽然该电机在大泻村时始终没有跑出最高时速，但是在预选赛、正式比赛中也有合计 35 分以上的行驶成绩。该电机刚好是相当于 3 直 2 并绕线方式减少匝数后得到的效果。

为了在行驶中也能随手进行再生制动，将按键开关安装在转向把处

照片 7　再生制动开关

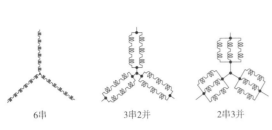

（a）18槽、3相的 3 种绕线方式（6并的方式因为阻抗较低，功率太大，排除在本次的选择对象之外）

图 4　CQ 无刷电机的绕线方式

（b）绕好线圈的样子

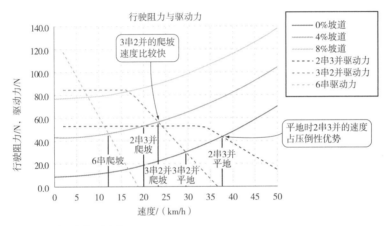

图 5　行驶阻力与驱动力
坡道阻力与接线方式对行驶特性的影响（摘自 MITSUBA SCR⁺ 项目的资料）

袖浦赛道比大洿村赛道的坡度更大，所以，电池电量的消耗应该会更大。但即使考虑这一点，将线圈匝数再减少 1~2 圈也没有问题。不过，袖浦赛没有试跑，采用的是一次定胜负的方式。所以，笔者这次没有贪心，采用的是自己比较有把握的 3 串 2 并 18 匝的电机设定，发起了挑战①。

● 控制器软件的改良和仪表的增设

为了能够让 EV 卡丁车高效地行驶，笔者对控制器，也就是控制系统也进行了改良和调整。

（1）油门的调整

电机配套的软件（固件）中，电位器的原因，导致油门电压值存在死区。卡丁车内使用的油门（压电传感器），可以替代电位器。虽然驾驶员的个人偏好不同，但这种死区是需要调整的。

必须实施加速不使能的死区调整和油门 100％ 开度的调整。为此，需要修改电机控制软件中 motor_user.c 声明的

VOL_0PCT_POINT
VOL_100PCT_POINT

2 个参数值。如果 VOL_0PCT_ POINT 过小，稍微触动一下油门就可驱动电机；如果 VOL_100PCT_ POINT 太大，就算油门全开，占空比也不会达到 100％。

笔者在组装时发现，行驶时总是达不到设计速度。调查得知，即使将油门转到极限，占空比也达不到 100％。

油门全开时占空比能否达到 100％，可用示波器检测驱动板检测端子处波形进行确认（照片 8 ）。

---

① 如果可提高允许电流，可进一步提高 2 串 3 并绕线方式的速度。套件中控制器上安装的保险丝是速断型 30A 的，可以考虑换成 40A 的，但又可能造成 MOSFET 和控制器电子零件的损坏。这种孤注一掷的做法，笔者并不推荐。

## 专栏 B　失败乃成功之母：比起趣味性，可靠性更重要

监测显示器是采用焊锡安装到万能板上的。袖浦赛的前一天，组装好车体后进行最终确认时发现，在无负荷运转的情况下，电压表和电流表竟然显示出了最大值。电压表和电流表是比赛中不可欠缺的，否则当微处理器发生故障时就措手不及了，所以当时着实焦急了一阵。

经过一番恶战，终于找到了原因：原来是焊点接触不良。其外观虽然看起来有些氧化，但之前觉得应该没问题。可能是行驶中受到了较大的震动，或者在整备和调试过程中反复拆装造成基板多少有点变形，又或者是在雨中行驶时导致电路板潮湿，这些因素的累积最终引发了问题。振动的影响是不可忽视的。

近期，笔者正在考虑改用印制电路板。

### （2）PWM 载波频率的调整

正如前文所述，比赛时应该换用大功率 MOSFET。但是，就算换了 MOSFET，V850 微处理器写入的控制软件原本就是按照标配 MOSFET（IRFZ48VPBF）的电气特性设定的，所以应该修改软件，以适配更换后的 MOSFET。如前所述，选择通态电阻较小的 MOSFET 时，频率特性较差，PWM 开关速度就会跟不上。而低占空比时，就会出现 MOSFET 不能完全开通的现象。虽然对行驶本身没有直接的较大影响，但低占空比时，加速控制的电流调整就会变得比较困难。

这时，虽然可以采用增大栅极电流的方法，但降低载波频率更容易得到改善。载波频率可通过修改程序的参数进行调整。就算是不擅长软件开发的人，因为说明书上有具体的设定修改方法，设定起来也很容易。

### （3）监测功能

仅利用套件中控制器内包含的功能，当然是可以参赛的。但为了获胜，驾驶员需要不时掌握比赛过程中车辆、电机的状态。怎么行驶更节能？什么时候电流会过大？电池的剩余电量如何变化？不仅仅在比赛中，在试跑数据的基础上进行微调也很重要。

至少要装备电压表和电流表。如果可以的话，同时准备库伦表。电压表和电流表用普通的模拟表也可以，但行驶中的震动等会导致指针晃动，很难读数。用于无线控制等的具备数显功能的仪表不占用地方，非常便利。笔者喜欢电子制作，便使用微处理器和小型液晶显示器自制了一套监测器（照片 9）。

该监测器在比赛中起到了超乎想象的关键作用。通过监测电压和电流，当电池电量快耗尽时便可以掌握该信息。电池电量消耗越来越大时，操作油门时电压变化也会很大。但是，如果习惯了，变化量的判断会非常困难——当你捕捉该变化时，电池电量已经快耗尽了。

在大泻村比赛中，笔者就因为不掌握行驶中的电池电量消耗情况，导致无法有效利用电池电量。作为反省，笔者在参加袖浦赛时，增设了可查看电流消耗量的库伦表（安时计）。多亏了有了库伦表，在比赛后半部分，笔者加快速度，得以用尽电池电量（但电池电量耗尽得稍微有点早）。

监测显示器要安装在行驶中也可毫无障碍地进行确认的位置（专栏 B）。笔者采用在建材市场上购买的，可徒手加工的铝材制作了支架（照片 10）。

### ● 驱动方式的改变

遗憾的是，笔者学习得不够，以为将套件的方波 PWM 驱动方式改为向量控制，就可以进行无开关损耗的驱动了。但是，这关系到电机的驱动电流的检测和处理等，需要对驱动板及控制板进行改造。

照片 8　确认占空比
事先在测试点安装环形检测端子会很方便

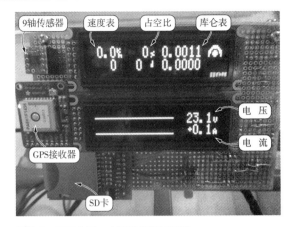

照片 9　显示电压、电流的监测显示器
显示器使用可视性好和响应快的 LED 显示电压值和电流值，GPS
与 9 轴传感器用于记录行驶轨迹

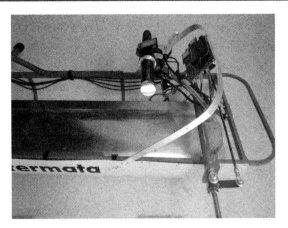

照片 10　支撑监测显示器的铝制支架

## 车体的制作

　　根据转向机构的不同，EV 卡丁车的车体可以分为中心支点转向式（B 型）和阿克曼式①（A 型）两种类型。中心支点式车身的转向把和前轮主轴是联动的，转动转向把，主轴和前轮会随之转动。阿克曼式车体，在转动转向把时，主轴不与之联动，只有前轮的左轮和右轮是联动的。除了转向机构的调整，不论是哪种车体，在参赛这一点上来说，需要考虑的点都是一样的（照片 11）。

● 确保安全性

　　无论是何种比赛，为了确保自己的车及其他车的安全，有义务安装喇叭和后视镜（照片 12）。

（1）喇　叭

　　在使用电力的情况下，电源除了行驶用电池，能否用其他电池，需要确认规则内容。

（2）后视镜

　　到底是单侧安装，还是双侧安装，需要确认规则内容。另外，EV 卡丁车的安装部位有限，选择后视镜时需要考虑安装方法。

　　笔者将后视镜安装在了电池仪表支架上。

（3）防护缓冲垫

　　EV 卡丁车的后轮制动器安装处的车架横梁两端，分别加装了缓冲垫（照片 13）。这是为了防止周围走动的人被裸露的金属杆蹭伤。在大泻村的比赛中规定必须安装这样的保护装置，进而笔者在袖浦比赛就直接沿用了。

---

## 专栏 C　失败乃成功之母：为什么电机会反转

　　拿到"CQ 无刷电机和逆变器套件"时，笔者按照说明书绕制了电机。为了避免失误，还反复对步骤进行了确认。但是，连接上控制器，让电机转动时……咦！怎么反着转？

　　于是手动转动电机，对照说明书检查霍尔传感器的动作与 LED，发现没有问题。后来理解了，改变各相的励磁顺序，就可以改变电机的转动方向。于是改变接线，让电机恢复正转。在此之前，

也是经历了反复的失败，导致好几个保险丝都飞了出去。有时，电机线圈出现异常发热，会闻到一阵烧焦的味道。

　　后来，为了参加大泻村的比赛，绕制电机线圈时，为了避免出现错误，一边反复确认，一边进行绕制……居然还是反转！直到现在，笔者也没有搞明白究竟是哪里出错了。面对下一次比赛，笔者还是会重新绕制电机，结果如何呢？

---

① 以发明者名字命名的。

## 专栏 D　失败乃成功之母：电机会飞

电机控制程序的调试和电机重新绕线的测试中，不使用 EV 卡丁车，而使用电机套件中附带的电机固定座的情况比较多。使用电机固定座时，切记要仔细确认其是否完全固定在工作台上了。无负载试转时，出现失控的概率不大，但决不能粗心大意。

那天，笔者用卡扣将电机固定座固定到了工作台上。平时这样是没有任何问题，正常进行加

减速也是没有问题的。然而，紧固工作做得不到位。进行再生制动测试时，在电机高速旋转的状态下，打开再生制动开关……电机制动的反作用力，导致电机的固定装置脱落，沉重的电机居然飞了出去！而且拉扯着电缆朝控制板上飞了过去。就在正式比赛的前一刻，车辆的控制板差点变成两半。好在运气不差，控制板是横着着地的。

### ● 确保维修性

制作 EV 卡丁车时，电机和控制器、传感器信号线免不了接线。接线时，采用 EV 卡丁车套件附带的绝缘扎带进行固定也没问题，但在之后的拆装过程中，免不了剪断并使用新的绝缘扎带，该过程中会产生垃圾，并不环保。

考虑到维修性，笔者对强度没问题的部分采用了魔术贴式扎带（照片 14）。

### ● 车轮定位角度调整

笔者购买的阿克曼式 EV 卡丁车的特征是，前轮的车轮定位（前束角、外倾角、后倾角等）可调整。因此，可对直线行驶时或转弯行驶时的稳定性进行调整。调得好的话，效果显著；反之，调整得不好的话，比起不能调整的中心支点式，行驶损耗更大。这一点需要注意。

EV 卡丁车的速度并不是特别快，基本上不用完全打死转向把。即使是阿克曼式车体，笔者也基本上将前束角和外倾角调整到 0°（图 6）。

笔者自己要调整的地方比较多，所以选择了阿克曼式。在 EV 卡丁车比赛中，不需要调整的中心支点式会轻松些，不用为调整偏差而发愁。但是，如果达到 20km/s 左右的高速，两者在转弯时的稳定性方面有较大的差异。如果想通过高速行驶取得好成绩，笔者觉得最好是选择阿克曼式。

### ● 选择滚动阻力小的轮胎

在汽车赛事中，采取行驶阻抗的对策是很重要的。其中，"滚动阻力"的对策又是十分必要的。是否采取了应对"滚动阻力"的对策，会导致车辆在行驶过程中的效率产生 10% 左右的差别。EV 卡丁车上，使用的是 16in 的轮胎。轮胎选择范围很窄，即使通过网络购物平台购买，也很耗时间。

### ● 减小空气阻力的车罩（外壳）

如果比赛规则允许，安装简易的车罩（外壳）可以减小驾驶员受到的空气阻力。空气阻力与车辆行驶速度的平方成正比。因此，想要在比赛中取得好名次，就要重视这个部分。

袖浦赛是不允许车辆安装车罩的。而在大沔村举办的比赛的规则中，允许安装车罩（照片 15）。

## 走，去参赛！

### ● 最终确认与车检

参赛时，完成检录后，所有参赛人员首先要参加的是赛前吹风会。不出席赛前吹风会的队伍会被取消比赛资格。在会上，会对比赛要求的行驶方式、车检的注意事项进行说明，也会对参赛人员提出的疑问进行解答。

在参加赛前吹风会之前或者之后，在正式比赛开始之前，应该仔细检查车身是否存在异常、螺栓是否存在松动。如果采用的是阿克曼转向方式，应该对连接部位进行检查和确认。

另外，还要检查车轴与底盘的连接是否稳固。在正式比赛之前，需要进行多次试跑，这样原来紧固的螺栓就有可能发生松动。

经过检查，如果没有发现问题，就可以接受车检了。车检合格的车辆会被贴上标签，表示它可以参加正式比赛了。

已经通过车检的车辆是不接受任何改动的。如果在出发前获得电池充电许可，应该保证电池充电量处于饱和状态。过低的气温会影响铅酸蓄电池的充电性能，为了保证电池不受影响，需要对电池采取保温措施。但是，值得注意的是，比赛规则对电

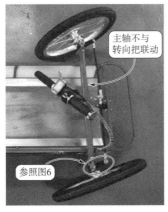

主轴不与
转向把联动

主轴与
转向把联动

参照图6

（a）阿克曼式　　　　　　　　　（b）中心支点式

照片 11　阿克曼式与中心支点式的区别

照片 12　后视镜和喇叭

照片 13　车架横梁上安装的防护缓冲垫

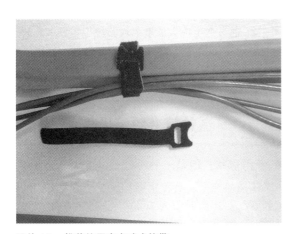

照片 14　推荐使用魔术贴式扎带

池的保温有限制（电池保温措施伴随着一定的危险性），千万不要违反。

● 起　跑

起步前一刻，可以说是最紧张的（照片 16）。比赛信号发出时，应沉着、缓慢地打开油门。EV 卡丁车从停止状态起动时，电路中通过的电流非常大。此时，需要万分注意的是控制和关注电流的大小，低速起动，否则就会出现刚起步就烧坏保险丝的窘况。

● 驾驶技术

EV 卡丁车比赛并不是单纯地比拼速度，还需要考虑电池的电量消耗情况。在保证电池电量消耗均衡的情况下，在赛道上行驶。

（1）行驶路线

EV 卡丁车并不是高速行驶的车辆，其最高速度也就 40km/h 左右（实际驾驶时感受到的速度还是很快的）。袖浦赛道是机动车赛道，这对卡丁车来说很宽，弯道也很缓和。基本行驶路线应该尽可能保持直线。经过弯道时，尽可能靠近弯道内侧边缘行驶。

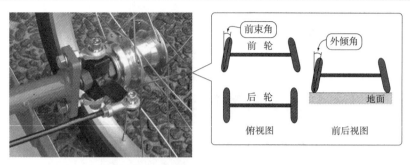

（a）前轮的车轮定位调整机构　　　　　　　　　（b）前束角与外倾角

图 6　前轮的车轮定位可调整

照片 15　外壳可以让 EV 卡丁车变脸
参加 2014 年 5 月大泻村举办的 EV 卡丁车比赛的卡丁车

在经过 S 弯时，也应该通过直线行驶获得捷径。

但是，通过 U 弯后接连爬坡时需要特别注意。这时，如果太靠近弯道内侧边缘，就会导致车辆的行驶速度下降。在爬坡时，想要通过加速保持匀速行驶，就会消耗更多的电流。因此，根据不同的情况，有时候需要行驶在弯道外侧。另外，通过 S 弯爬坡路段时，比起直线行驶减少的行驶距离，沿着弯道形状行驶的坡度变得缓和，电池的电量消耗反而会减少。

（2）电　池

比赛中需要经常关注电池的状态。

加速时，要留意电流的变化（不必要的加速会加剧电池电量的消耗）。

电源电压（从 24V）下降到 20V 左右时，电池电量临近耗尽状态。

如果有库仑计，可以在比赛过程中预测电池电量的余量，并在比赛后程修正加速策略。

（3）再生制动充电

具备再生制动充电功能的，也要注意使用时机和方法。通过弯道或大坡度下坡路段等需要刹车时，再生制动功能是奏效的。但要注意的是，如果太在意再生制动充电，就会导致行驶速度下降。

## 袖浦赛的结果

### ● 获得冠军！但是……

在袖浦赛上，笔者获得了冠军。这着实让笔者感到意外。比赛时限为 30min，而笔者的赛车在刚过 27min 时就耗光了电量，无法继续行驶。因此，笔者的赛车没能在标志着比赛时限 30min 结束的结赛旗舞动中通过终点。这虽然有点遗憾，但是笔者的赛车还是以行驶 5 圈的成绩获得了冠军。

照片 16　各 EV 卡丁车就位起跑线（笔者在右边）

实际上，在正式比赛开始之前的试跑中，笔者认为能够获得冠军的赛车的成绩也跑完了 5 圈，而且还迎着结赛旗的飘扬跑完了第 6 圈（照片 17）。后来得知，该车队对每 1 圈行驶所消耗电量的计算出现了失误，导致电机被设置成为无法高速行驶的状态。这样，在电池电量有剩余的情况下也无法加速。对手失误？这样的幸运让笔者在完成第 5 圈行驶的情况下获得了第 1 名。

笔者完成了原本设定的赛程行驶，而且获得了冠军。这虽然值得高兴，但是，没能在结赛旗的飘扬中通过终点，还是让笔者心存遗憾。

排名第 2 的人，或许也是同样的心情吧。

● 不要再生制动？

袖浦赛道上，经过一个长下坡之后紧连着的是一个 U 弯坡道。考虑到这一点，笔者认为再生制动充电会起到作用。但是，EV 卡丁车在经过 U 弯时，刹车减速导致车速下降过于剧烈。这也许是因为没有车罩，受到的空气阻力过大所导致的。

在赛程开始阶段，笔者的赛车也多次使用了再生制动充电功能，但是这导致车辆在低速状态下爬坡，电流消耗过大。反而，在没有再生制动、不踩刹车的状态下，行驶过下坡路段，并且依靠下坡时的惯性爬坡，既保证了速度也有利于减少电池的电量消耗。因此，在赛程的前半段就没有使用再生制动功能。

● 数据记录的重要性

从本次比赛开始，笔者开始记录行驶过程中的电压和电流等数据。比赛时的实际数据如图 7 所示。

这些数据将会被用在以后的电机特性的分析上。同时，数据中也包含了电压和电流、PWM 占空比等。另外，通过增设的 GPS 信息记录功能，还记录了包括赛道高低差在内的赛道形状和行驶轨迹，获得了意想不到的信息。

通过数据，笔者可以了解到：第 1 圈时，车手对加速操作都是比较谨慎的，这是在做试探；而后，根据赛道的坡度，几乎只是开关控制。

通过查看记录数据，还可以找到比赛的诀窍和电机控制方面需要改善的地方。

● 更上一层楼

到目前为止，笔者基本上都是直接沿用套件中电机的控制程序，今后需要学习和挑战的地方还有很多。例如，通过程序（软件）限制电流、通过电容器实现再生制动充电、矢量控制等。

除了电机控制，仪表类安装部位的震动过大，需要对安装部位进行改善。这些都是要在今后一步一步提高和改善的内容。

# 小　结

对于想要踏入 EV 圈的年轻人，EV 卡丁车可以说是进行 EV 电气、机械基础知识实践的第 1 步。而且，通过参加 EV 卡丁车行驶聚会和比赛，更能体会到实作车辆是无法与纸上设计完全一致的。同时，还会碰到需要用计算公式无法表达的"经验值"解决问题的时候。这些都是在书籍或者课堂中无法获得，而只能通过实践才能获得的宝贵体验（专栏 C、D）。

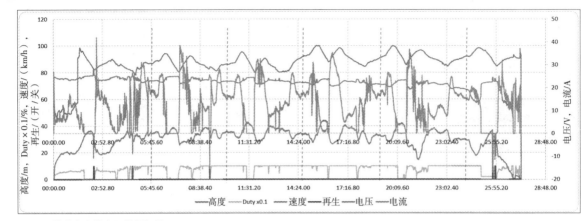

图 7　袖浦赛中的实际数据记录

照片 17　第 1 位看到结赛旗的是第 2 名矶村翼, 笔者在哪里⋯⋯

还有, 在比赛中虽是对手, 但是在维修点也相互交流经验和信息, 还可以得到专家的建议, 这些都是非常好的学习。

像笔者这样因为兴趣而选择参赛的人, 在电气、机械理论的基础上努力实现自己的创意和想法, 是非常快乐的一件事。虽然, 最开始, 在车辆还没有成型之前的确会有一些小负担, 但是想到能够驾驶自己制作的汽车行驶在赛道上, 就会像小孩子玩模型车或遥控玩具车那样雀跃。

各位读者, 你们要不要来挑战一下?

---

**笔者介绍**　　　　　　　　　　　　　　　**横川与英**

从事应用 RAPIDIO 和 PCI Express 高速串行接口的多处理器、多 I/O 系统的设计和技术支持, 有使用超过 200 个 DSP 进行雷达信号实时模拟的经验。学生时期以来, 已久疏电子制作, EV 卡丁车制作可以说是干回了老本行。

平常休息时, 喜欢带着家人一起去兜风, 工作以后的爱好是演奏乐器。制作的 EV 卡丁车的名为 "fermata" ——在演奏中表示音符或休止符音延长。此命名的含义是, 让容量有限的电池, 更长时间地发挥作用。虽然在电机控制方面完全是门外汉, 但是在接触了 EV 卡丁车之后, 开始进行相关知识的学习。2015 年春季, 在大沩村举办的比赛中有过惨败的经历。

# 2014 年 CQ EV 卡丁车袖浦赛赛事报道

〔日〕晶体管技术编辑部　执笔｜罗力铭　译

2014 年 11 月 16 日（周日），使用 "CQ 无刷电机和逆变器套件" 的单一品牌赛事（仅限 1 个车型参赛，主办方为 JEVRA[①]），在 JAF 认证赛道 "袖浦森林赛道"（千叶县）举行（照片 1~ 照片 4）。限时 30min，绕行赛道圈数多的获胜。共有 8 辆车参赛。

● 电机线圈的绕线方式很自由

这个电机的线圈需要自行绕制。为了获得胜利，该如何绕制电机线圈呢？理论上，电机线圈的匝数越多，转速越慢；匝数越少，转速越快，但是电流就会变大，消耗功率也会越大。

套件中的电机铁心为 18 槽，采用 3 相控制方式时，每相有 6 个线圈。线圈的绕线方式大致可以分为 4 种：6 串、3 串 2 并、2 串 3 并、6 并。另外，还可以调整线径。这些不同的选择都会使电机的特性发生很大的变化。

● 逆变器控制部分也很重要

比赛规则中并不限制控制方式，就算不用套件中的逆变器控制板也没有问题。

上坡时，电机负荷急剧增大，电流增大。这与急剧加速时是一样的，流过驱动 MOSFET 的电流也很大，需要采取相应的应对措施：换成能够承受更大电流的 MOSFET，或者采取相应的冷却措施.

大电流不仅仅会导致电机发热，消耗大量能量，从而使电机的效率变差，还会熔断保险丝，烧毁元器件和零部件。因此，如何在电流控制上下功夫非常关键。而行驶在下坡路段等需要减速的情况下时，可以使用再生制动充电技术 / 大容量电容器。各种智慧和努力的结晶，就是实现赛车在 30min 内行驶更远的距离。

● 比赛过程与结果

比赛开始前，赛场内最受关注的两辆车，其中

照片 1　"MITSUBA-2WD-SPECIAL" 配备了双电机＋双控制器

照片 2　"TIREN" 为单电机＋双控制器

照片 3　"KURUMA" 用于强制风冷的风管

照片 4　起步加速时的 "TIREN"（后为 "MITSUBA-2WD"）

---

[①] Japan Electric Vehicle Race Association，日本电动汽车竞赛联合会。

表1　2014 CQ EV 卡丁车袖浦赛的结果

| 排名 | 车手 | 车队 | 车名 | 电机绕线方式/匝数/线径 | 控制器 | MOSFET | 再生功能 | 再生电容器 | 绕行圈数 | 用时 | 平均时速 | TOP差 |
|---|---|---|---|---|---|---|---|---|---|---|---|---|
| 1 | 横川与英 | 横川与英 | Fermata | 3串2并/18/1.2mm | 未改造 | iRFP | ○ | — | 5 | 23'56.895 | 30.516 | — |
| 2 | 矶村翼 | MITSUBA SCR⁺项目 | MITSUBA-2WD-SPECIAL | 3串2并/32/1mm | 改造（双控制器，双电机） | 置换 | ○ | Nikkemi产 | 5 | 32'38.614 | 22.387 | 8'41.719 |
| 3 | 今村康介 | Electric eel Union Japan Branch（Polytech College 浜松） | 夜月严怒 (Jorrmungand) | 3串2并/20/1mm | 改造（限速器，保险丝） | iRFP2907 PBF | ○ | — | 4 | 26'14.063 | 22.285 | 1圈 |
| 4 | 安井教郎 | TYLAB | Tyun 01 | 3串2并/22/1mm | 增加电流传感应/矢量控制 | iRFP4368 PBF | ○ | XV3560 | 4 | 35'56.835 | 16.264 | 1圈 |
| 5 | 近藤由次 | Adventure Club 株式会社 | TIREN | 6并/27/0.5mm | 改造（双控制器6相控制） | 2SK3711 | ○ | — | 2 | 9'04.783 | 32.195 | 3圈 |
| 6 | 岛津春夫 | MOMIJI | Re2KENTA | 2串3并/20/1mm | CPU变更，增加电流传感器 | 置换 | ○ | — | 2 | 10'15.522 | 28.495 | 3圈 |
| 7 | 小泽拓治 | 49 Racing | 49 Racing Car 2014 | 2串3并/18/1mm | 未改造 | 置换 | ○ | — | 2 | 12'12.003 | 23.961 | 3圈 |
| 8 | 须部飒 | Polytech College 浜松 EV 制作研究室 | KURUMA | 6串/16/1mm | 未改造 | iRFP2907 PB | — | — | 2 | 14'12.362 | 20.577 | 3圈 |

表2　各赛车的单圈最佳成绩（1圈 =2436m）

| 排名 | 车名 | 圈数 | 时间 |
|---|---|---|---|
| 1 | Fermata | 第3圈 | 4'18.721 |
| 2 | TIREN | 第1圈 | 4'18.867 |
| 3 | 夜月严怒 | 第2圈 | 4'22.269 |
| 4 | Re2KENTA | 第2圈 | 4'43.320 |
| 5 | 49 Racing Car | 第2圈 | 4'48.660 |
| 6 | KURUMA | 第2圈 | 6'21.292 |
| 7 | MITSUBA-2WD | 第2圈 | 6'25.508 |
| 8 | Tyun 01 | 第2圈 | 7'53.207 |

照片5　"夜月严怒"获得比赛第3名

一辆是"MITSUBA-2WD-SPECIAL"（照片1）。正如其名，它配备了2套CQ无刷电机和控制器，分别独立安装在左、右后轮位置。由于电池容量与单电机的使用条件是相同的，每台电机的平均可用电能就变少了。大家都认为这辆车是强有力的冠军争夺者。另一辆是"TIREN"（照片2），它配备了6并型超高速电机，采用2台控制器实现6相控制。

在比赛开始的信号灯点亮的瞬间，"TIREN"猛然起步加速，虽然很轻松地绕赛道行驶了2圈，但第3圈没能出现在赛道的终点。于是，紧随其后的"Re2KENTA"暂时领先，但是在第3圈距离终点不到10m的地方突然失去速度，应该是保险丝熔断而无法再启动，同样是在中途失去了比赛资格。

最终，"Fermata"取代前两者的领先优势，获得冠军。冠军的有力争夺者"MITSUBA-2WD-

SPECIAL"也许是出现了电源电流控制方面的设定失误，没有取得预想的成绩。在比赛时间还剩6min的时候，"Fermata"英姿飒爽地通过了第5圈的终点。尽管当时大家都认为最终成绩应该可以达到6圈，可是"Fermata"在到达第6圈终点之前已用尽了30min 的比赛限时。

比赛计时结束时通过终点线的赛车是"MITSUBA-2WD-SPECIAL"，但比赛成绩看的是通过第5圈终点时的所用时长，因此，最终还是"Fermata"获得了冠军。第2名是"MITSUBA-2WD-SPECIAL"。第3名是"Polytech College 浜松"车队的"夜月严怒"（照片5），它在如何实现平稳行驶方面下了很多功夫。

比赛的结果，请参考表1、表2。

# 通过电子技术优化电机性能

## ——提高节能行驶比赛排名的方法

〔日〕柳原健也　执笔 | 秦晓平　译

本文由在 EV 节能行驶比赛（Econo Move、EV Bike、Mini Cart、Ene-1）中经验丰富的获奖者执笔。为了在比赛中取胜，笔者在电子技术方面提出三项改进措施：①倍压技术（在中途使驱动电压加倍）；②利用电容器实现再生制动；③通过改变 PWM 的载波频率（但不要使关断时间超过某个时间）来提高效率。实际比赛中经常使用这三种策略。

（编者按）

# 引　言

1995 年，首届世界节能行驶比赛（World Econo Move，WEM）在日本秋田县大泻村召开。

那还是丰田普锐斯混合动力汽车上市前 2 年的事情。由于这 20 多年来技术不断创新，夺冠纪录由第 1 届的 63.8km（平均时速 31.9km/h）提高到 2014 年的 92.0km（平均时速 46km/h）。

改写这些记录的技术背景是①减小空气阻力的外形设计；②采用 CFRP[①]单体结构，实现轻量化；③使用滚动阻力小的轮胎。这些都属于车体系统的技术革新。此外还采取了④轮毂直驱电机；⑤非晶铁心电机；⑥调磁电机；⑦电子进角控制；⑧基于双电层电容器的再生制动。这些都属于电气、电子方面的重大技术革新。

本文只对三种策略对应的电气、电子技术进行介绍。

## 比赛最后阶段 "倍压作战" 大逆转

### ● 最后一圈采用超高速行驶，实现逆转

先来考察自制 EV 在环形赛道行驶的情况。一般来说，刚刚充电的电池电压最高，能够以最高速度行驶。继续行驶下去，会因为放电而使电压逐渐下降。

也就是说，在赛道上行驶 1 圈的时间会逐渐增加，而最后 1 圈要用最短时间冲刺。这在一定程度上是颠覆常识的，因此本文借 "作战" 之名介绍倍压技术。

### ● 在比赛途中改变电池的串并联

日本秋田县每年都会举行世界节能行驶比赛。赛前，赛事组织者会为每辆参赛车提供 4 个 12V/3A·h 的标准电池（公平条件）。比赛中，每辆参赛车要行驶 2h。对于这 4 个电池，有 3 种用法：

· 4 并方式，12V
· 4 串方式，48V
· 2 串 2 并方式，24V

实际比赛中多数采用 2 串 2 并方式。

"倍压作战" 是指在起动阶段采用 2 串 2 并方式，随着比赛进程电池电压逐渐下降，在比赛最后阶段把电池由 2 串 2 并切换成 4 串（48V 电压），用来做最后的冲刺。

### ● 接线方法

使用双刀双掷钮子开关时，切换电压的电路如图 1 所示。

另外，还有使用 MOSFET 切换电压的。如图 2 所示，就像是电子工程师在操纵 MOSFET 开关。MOSFET 开通时序发生错误，会造成电池短路，因此必须重视开通时序。此外，P 沟道 MOSFET 的特性不如 N 沟道 MOSFET，需要使用 2~3 个并联来减小通态电阻。

### ● 面向市售普通 EV 的应用

对于标准铅酸蓄电池，这种 "倍压" 策略是可行的。而锂离子电池严禁过放电，所以这种方法就不适用。下面以公路上行驶的 EV（乘用车）为例加

① CFRP：碳纤维增强复合材料。

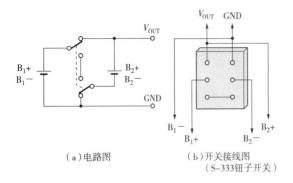

（a）电路图　　　　（b）开关接线图
（S-333钮子开关）

图1　用开关切换2个电池的倍压电路

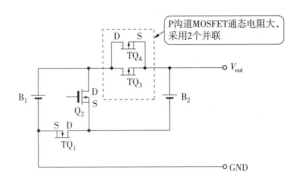

P沟道MOSFET通态电阻大，采用2个并联

图2　用 MOSFET 作为开关的倍压电路

以考察。

根据调查，日本普通公路上的乘用车平均速度为34km/h，高速公路上的乘用车平均速度为79km/h[1]。

实际上存在着平均时速2倍以上的情况，而且高速公路的利用率仅为13%。也就是说，EV在高速公路行驶的比例仅为13%；其余87%是在普通公路行驶，这时的PWM占空比在50%以下。

占空比越低，驱动电机的平均电压就越低，所需的驱动电流越大，效率越低。

改善这一状况的方法之一就是"倍压"法。在普通道路上行驶时，驱动电压为150V；而在高速公路上行驶时，电压提高到300V。采用这种做法，效果如何？其结论是，提高电压，电机高速运转，同时电流下降，可以运行于比平时更高的占空比状态。

高于平时占空比的优点：

· 降低平滑滤波电容器的负担→延长逆变器寿命

· 降低纹波电流→降低电磁噪声（无辐射）

只有功率驱动器件使用 MOSFET 时才有这种效果。现行的 EV 多使用硅片 IGBT，用增大占空比来提高效率，效果不明显。下一代功率器件 SiC-MOSFET 即将实用化，有望利用增大占空比的方法实现效率提升。

## 电容串联升压"再生技术"

### ● 回收减速动能以提高效率

位于日本秋田县大潟村的世界节能行驶比赛的赛道如图3所示。3km 直线赛道绕行1圈约6km，每圈设有2个折返点。

一端的折返点半径较大，即使以接近 40km/h 的

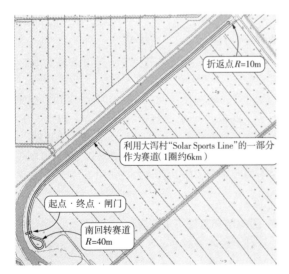

图3　世界节能行驶比赛场地总览图

照片1　世界节能行驶比赛的10m 半径折返点
笔者在驾驶卡丁车

---

[1] 根据 http://www.mlit.go.jp/road/ir-council/highway/4s.html。

速度也能够转向掉头。

另一端的折返点半径只有 10m，近似于原地掉头的折返必须减速才行（照片 1）。参赛车必须从 40km/h 以上的速度减速到 20km/h，因此有效利用制动能量的意义是不言而喻的。

这可以通过计算来确认。假设车体质量为 30kg，驾驶员体重为 70kg。总质量为 100kg 的物体，从 40km/h（11.1m/s）减速到 20km/h（5.55m/s），这时的动能差值为

$$E=1/2 \times m \times (v_1^2-v_2^2)$$
$$=50 \times (11.1^2-5.55^2)=50 \times (123.21-30.8)$$
$$=4620（J）\rightarrow 1.28W \cdot h$$

第一阵营行驶 15 圈，需要做 15 次再生制动，理论上可以回收 19W·h 的能量。实际上，考虑到发电能量损失及行驶阻力带来的能量损失，只能回收 19W·h 的 70%~80%。即使这样，也能够使总能量为 144W·h（12V×3A·h×4）的电池组增大约 10% 的能量，这个效果也很明显。

## ● 实现再生制动发电的方法

现在来讨论实现再生制动发电的具体方法。节能行驶比赛中所用的再生制动发电主要有图 4 所示的 3 类方法。

图 4（a）是最传统的方法，市售的普通 EV 多采用这种方法。但是，相较于电池容量（144W·h），节能行驶比赛过程中的再生制动发电（200~400W）当量较小，加之制动距离很短，又是在短时间内急速充电，对充电效率不如锂离子电池的铅酸蓄电池而言，这并不是一个有效的方法。

## ● 利用电容器提高效率

比锂离子电池充放电效率更高的元件是双电层电容器（效率接近 100%）。这是超大容量的电容器，由于它是电容器的构造，以再生制动回收能量的程度来看，可以做到近乎瞬间完成充放电过程。

图 4（b）是利用双电层电容器（简称电容器）提高再生效率的方法。为了防止形成从电容器流向电池的逆向电流，在电容器和电池之间接入二极管。

在正常行驶过程中，电流流过二极管会增大损

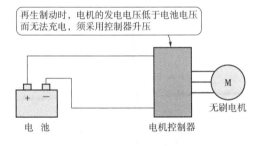

（a）控制器升压并向电池充电

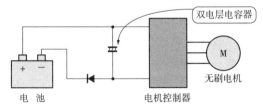

（b）电池并联双电层电容器：与铅酸蓄电池和电容器的充电周期完全不同，再生充电几乎全部是对电容器的

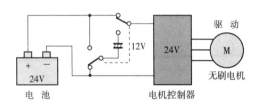

（c）电容串联升压：正常行驶时

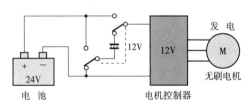

（d）电容串联升压：再生制动时

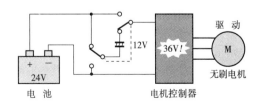

（e）电容串联升压：放电时

**图 4　世界节能行驶比赛中实现再生制动发电的方案**

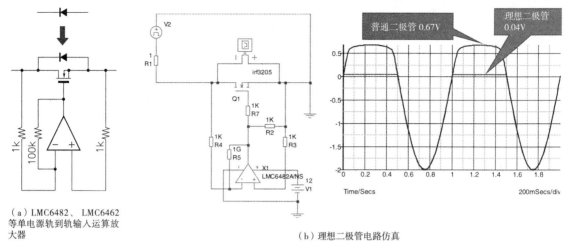

（a）LMC6482、LMC6462 等单电源轨到轨输入运算放大器

（b）理想二极管电路仿真

普通二极管 0.67V

理想二极管 0.04V

图5　理想二极管电路和仿真

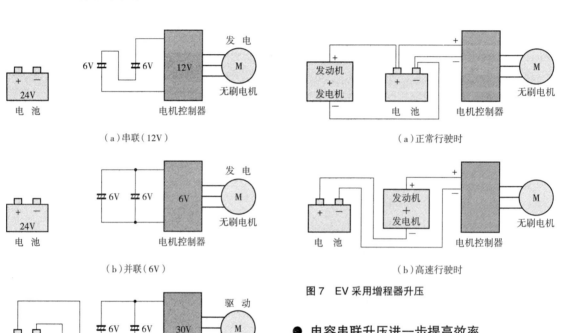

（a）串联（12V）

（b）并联（6V）

（c）24V+6V=30V 串联升压

图6　电容串联升压的方法

（a）正常行驶时

（b）高速行驶时

图7　EV 采用增程器升压

耗。如图5所示，利用 MOSFET 和运算放大器构成理想二极管；或者为二极管设置旁路开关，待再生制动过程结束后，电池电压升高，接通旁路开关。这种对策很有必要。对于电源是发电机或燃料电池的情况，这种方法也可以实现再生。

### ● 电容串联升压进一步提高效率

最后一类方法如图4（c）～（e）所示，电容器串联升压的再生制动方法。

通常行驶时用电池驱动电机［图4（c）］，再生制动时把电池切换为电容器［图4（d）］。这种方法的要点是，电容器电压是电池电压的一半以下。

因为电容器的电压低于电机的发电电压，即使不用电机控制器升压，也可以进行再生制动充电。没有电机控制器的升压损耗，提高了再生效率，是此方法的优点。再生制动储存在电容器上的能量，如果不加处理，就会因电压过低而无法使用，因此需要把电容器和电池串联起来使用［图4（e）］。例如，电池电压为24V，电容器电压为12V，串联后得到36V 电压。

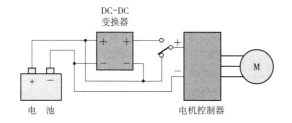

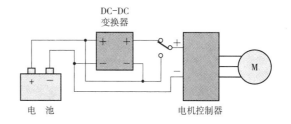

图 8　用绝缘型 DC-DC 变换器升压

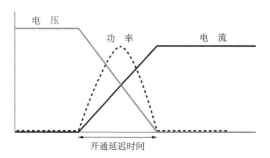

图 9　MOSFET 开通时的开关损耗

图 6 是电池和电容器的串并联切换电路。

假设一组电池的电压为 6V，在高速（30~40km/h）时将电容器串联，得到 12V 的再生电压 [ 图 6（a）]；如果速度降低，则将电容器并联，得到 6V 的再生电压 [ 图 6（b）]，提高了再生效率。升压时把电容器（6V）并联后与电池串联 [ 图 6（c）]，控制电源电压的变化（24V → 30V）。

这种方法的缺点是难于调整制动力的大小。它的优点是电路简单、再生效率高，是一种容易实现的再生方法。

● **在普通 EV 方面的应用**

与电容器串联升压的方法相似，可以把电池与电源串联起来，临时提高电压。这种方法也可以应用于再生制动之外的场合。

例如，在高速公路上行驶需要超车之际，为了达到临时提高电压的目的，将增程器（EV 用辅助发电机）与电池串联（图 7）。也可以用 DC-DC 变换器升压（图 8）。

## 可变载波频率 PWM

● **降低电机控制器的损耗，提高效率**

接下来探讨通过改变电机控制器的控制模式来降

低损耗。PWM 是控制器损耗的起因，主要损耗如下。

（1）MOSFET 的开关损耗

MOSFET 在开通延迟时间（$t_{on}$）和关断（$t_{off}$）延迟时间内产生开关损耗。若电源电压为 $V_b$，电机电流为 $I_m$，PWM 载波频率为 $f$，如图 9 所示，把电压、电流曲线近似于直线，可以计算出开关损耗：

$$P = 1/6 \times V_b \times I_m \times （t_{on} + t_{off}）\times f$$

（2）续流二极管的损耗

在 PWM 控制 MOSFET 关断时，续流二极管因流过电流而产生损耗。MOSFET 体二极管的正向开通电压为 $V_f$，PWM 占空比为 Duty，则可由下式计算损耗：

$$P = V_f \times I_m \times （1 - Duty）$$

● **用同步整流提高效率**

上述的续流二极管损耗为

$$U_f > I_m \times R_{on}$$

式中，$R_{on}$ 表示 MOSFET 的通态电阻。

这时，采用同步整流就可以大幅降低续流二极管损耗。

所谓"同步整流"，是指当续流二极管流过电流时，使 MOSFET 也处于导通状态。

因为 MOSFET 反向也能流过电流，所以在续流二极管流过电流时让 MOSFET 导通就可以减小损耗（图 10）。

即使实行同步整流，也不可能完全消除续流二极管损耗。这是因为同步整流必须留有死区时间。

● **同步整流无效的动作区域**

以图 10 为例，当 PWM 信号为 ON 时，上臂 MOSFET 开通；当 PWM 信号为 OFF 时，下臂 MOSFET 开通。如果上臂 MOSFET 和下臂 MOSFET 同时开通，就会引起电源短路，MOSFET 会因流经大电流而损坏。即使短路时间很短而不致烧毁 MOSFET，也会使功率损耗大幅增大。

为了防止这种短路现象，必须设置"死区时

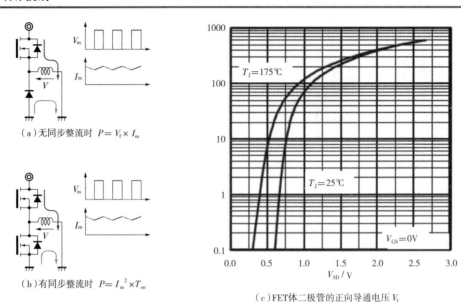

（a）无同步整流时 $P = V_f \times I_m$

（b）有同步整流时 $P = I_m^2 \times T_{on}$

（c）FET体二极管的正向导通电压 $V_f$
（摘自IR IRFP2907PbF 数据表）

图 10 PWM 控制时的续流二极管损耗

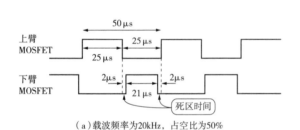

（a）载波频率为20kHz，占空比为50%

图 11 同步整流的死区时间

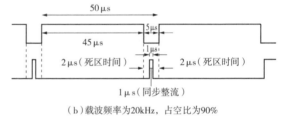

（b）载波频率为20kHz，占空比为90%

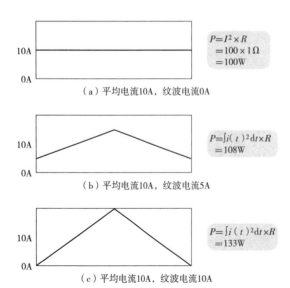

（a）平均电流10A，纹波电流0A

$P = I^2 \times R$
$= 100 \times 1\Omega$
$= 100W$

（b）平均电流10A，纹波电流5A

$P = \int i(t)^2 dt \times R$
$= 108W$

（c）平均电流10A，纹波电流10A

$P = \int i(t)^2 dt \times R$
$= 133W$

图 12 即使平均电流相同，若纹波电流不同，则损耗也不同

间"——上臂 MOSFET 和下臂 MOSFET 同时关断的时间。一般来说，死区时间设置为数百纳秒到数微秒。

假设死区时间设置为 2μs，PWM 一个周期的上升沿和下降沿需要 2 个死区时间，在这 4μs 时间内，电机电流流过二极管。如果 PWM 载波频率为 20kHz，占空比为 90%，则关断延迟时间为 5μs，减去 4μs 的死区时间，同步整流仅存在 1μs（图 11）。

● 降低 PWM 载波频率以提高效率

根据开关损耗的性质，可以得到：损耗的大小与 PWM 载波频率成正比。因此，把 PWM 载波频率降下来自然会减小开关损耗。

另外，对于续流二极管损耗也是同样道理，随着载波频率的降低，在占空比相同的情况下，关断时间延长，其结果是减小死区时间的影响。这说明降低 PWM 载波频率，既可以减小开关损耗，又可以减小续流二极管损耗。

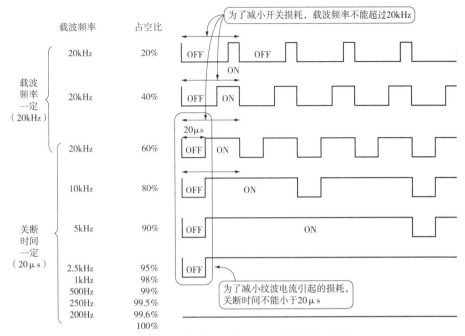

频率在200 ～ 20kHz范围变化，占空比为60%以上，设置关断时间为20μs！

**图 13　关断时间为 20μs 以上时的 PWM 波形**

**表 1　可变载波频率 PWM 的占空比和载波频率的关系**

| PWM 占空比 | 20% | 40% | 60% | 80% | 90% | 95% | 98% | 99% | 99.50% |
|---|---|---|---|---|---|---|---|---|---|
| 载波频率 | 20kHz | 20kHz | 20kHz | 10kHz | 5kHz | 2.5kHz | 1kHz | 500Hz | 250Hz |

载波频率一定（20kHz）　←｜→　关断时间一定（20μs）

　　是不是 PWM 载波频率降得越低，两种损耗就越小呢？答案是否定的。根据电机的特性，载波频率过低，就会出现"纹波电流增大，电机的效率降低"的情况。

　　如图 12 所示，相同的 10A 平均电流通过电阻为 1Ω 的线圈，比较不同纹波电流时的损耗情况。可以看出，纹波电流越大，损耗就越大。

### ● 有效降低 PWM 载波频率的方法

　　单纯地降低载波频率往往并不能减小总的损耗，因此要把载波频率降低到恰到好处。其目的是不增加死区时间所占比例，因此不能缩短 PWM 的关断时间。

　　例如，PWM 载波频率为 20kHz，占空比为 60% 时，这时的关断时间等于 20μs。为了得到充分的同步整流效果，并且不缩短关断时间，就应当增大占空比，那么怎样做才好呢？

　　如图 13 所示，占空比为 60% 以上，关断时间一定，增大 PWM 的周期、加大占空比，表 1 列出了实现有效同步整流的降低载波频率的最小限度。

**笔者介绍**　　　　　　　　**柳原健也**

1966 年，丰桥技术科学大学研究生院，电气电子工学系毕业。

1966 年，MITSUBA 株式会社，电机控制器设计。

2009 年，MAKITA 株式会社，电机控制器设计。

2012 年，小野塚精机株式会社，董事长。

兴趣：摩托车、垂钓。

个人荣誉：世界首届燃料电池车比赛冠军。

# 让无刷电机反转，并非反接电源就可以

## ——为 "CQ EV 卡丁卡" 增加后退功能

〔日〕北泽纯也　执笔｜娄宜之　译

结合 "CQ EV 卡丁车套件" 与 "CQ 无刷电机和逆变器套件"，我们可以实践性地学习电机控制和车辆控制。这两个套件都设计得相当简单且易改装，方便使用者进行各种实验改造。本文以后退功能为例，介绍一些给电动车增加新功能的思路。要使无刷直流电机反转，简单地反接电机电源正负极是不行的。这样做，即使把控制器烧坏，也不可能实现电机的反转。

（编者按）

## 增加后退功能

驾驶过 "CQ EV 卡丁车" 的人都应该知道，它的一大不便之处就是不具备后退功能（照片 1）。把电机控制器（逆变器）上电池电源的正负极反接，即使将电路板烧坏（一定会坏！），电机也不会反转。

不改变无刷电机 U、V、W 三相的输入相序，电机是不可能反转的。因此，为了实现反转，必须对控制器的硬件和软件进行改造。虽然听起来好像很复杂，其实这些改造出乎意料的简单。

**照片 1　行驶中的 "CQ EV 卡丁车"**
摄于 2014 年 6 月，在秋田县大泻村举行的卡丁车节能行驶比赛。该车没有实现后退功能

## 准备工作

在改造 "CQ 无刷电机和逆变器套件" 之前，先要确认电机是正常工作的。假如改造后电机不能正常工作，这一准备工作将非常有助于我们排查问题的起因。

具体来说，要对空载运转的电机做以下检查：
· 电机的旋转方向是否正常？
· 转速能否在电位器的调节范围内平滑调整？
· 稳压电源的电流是否过大？
· 电机运转时是否发出异常的声音？
· 反复进行旋转／停止的状态切换时，是否出现无法启动的情况？

另外，在进行改造时，最好把 "CQ 无刷电机和逆变器套件" 附带的说明书等材料放在身边，特别是驱动板的电路图和样例程序的说明，以便于在改造时参照。

### ● 新增的硬件部分

为了在前进和后退之间进行切换，我们要增加一个钮子开关。原始电路中的 $SW_1$ 已经使用了这种类型的开关。这里我们使用与之同型号的开关（SW–MS–611A），并将其安装在驱动板上留空的 $SW_2$ 位置。进行安装时，测试仪、万用表等是必需的。

### ● 软件开发环境

为了修改程序，首先要搭建合适的软件开发环境。"CQ 无刷电机和逆变器套件" 中使用了瑞萨电子公司开发的微处理器 V850ES。我们要用的开发环境就是与该微处理器编程配套的相关软硬件。

笔者的开发环境：
· PC（Windos7 32 位）
· 综合开发环境 CS+
· 闪存写入工具 Renesas Flash Programmer

其中，CS+ 和 Renesas Flash Programmer 可以在瑞萨电子公司的官网下载安装。在套件样例程序的说明中，讲解了获取和安装这些软件的方法。

## 硬件改造

### ● 安装钮子开关

将钮子开关焊接到驱动板上留空的 $SW_2$ 位置。参考"CQ 无刷电机和逆变器套件"安装说明书中的 $SW_1$ 事项，注意不要虚焊（照片 2）。

### ● 确认钮子开关的动作

接下去要确认开关安装是否正确。在确认主开关处于关断状态、加速电位器关闭、电机接线不存在短路之后，连接控制电路与稳压电源。

驱动板上 $CP_1$ 的 18 号过孔与 $SW_2$ 相接，16 号过孔接地。分别测量 $SW_2$ 处于关断与开通状态时这两个过孔之间的电压值。因为 $SW_2$ 设为低电平有效，所以当测到电压在 $SW_2$ 关断时为 5V、开通时为 0V 时，说明开关的安装是正确的（照片 3）。

硬件改造到这里就基本完成了。

## 软件改造：事前分析

下面介绍软件的改造，即对"CQ 无刷电机和逆变器套件"附带的样例程序进行改造。这个程序已经烧录在了套件中微处理器 V850 的闪存里。而套件附带的样例程序提供了全部源代码，所以这里对源代码（C 语言）进行修改，编译生成后重新烧入处理器。

首先，为了明确需要做哪些修改，考虑一下我们需要的功能。

### ● 功能要素

这里我们要实现的是 EV 卡丁车的后退功能。简单来说，安装好后退开关之后，就应该开始实现电机反转的程序模块了。但是，这是实际载人的汽车，需要更谨慎一些。套件中的原始样例程序虽然能依靠电位器调节电机转速，但并非用于实际 EV 驱动控制的。我们先考虑一下，增加这个功能，从系统整体（这里指 CQ EV 卡丁车）的角度看，会得到怎样的效果。这里我们把系统分解成"事件"→"动作"→"输出"三部分来仔细考虑。这三者之间的

状态转移如图 1 所示。

为了使普通汽车后退，我们要把变速杆推入倒挡，之前安装的 $SW_2$ 在这里就担当倒挡开关的作用（图 2）。

在普通汽车中，发动机的运转方向不变，在啮合了倒挡齿轮之后，传动轴将会反向转动，实现汽车的后退。但是在"CQ EV 卡丁车"中，可以简单地依靠电机的反转来实现后退（图 3）。

### ● 后退状态

确定了"使电机反转"这一系统需要执行的动作

照片 2　将钮子开关焊接到驱动板的 $SW_2$ 位置

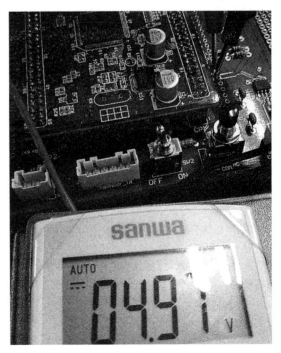

照片 3　确认开关动作
测量驱动板 $CP_1$ 的 16、18 号过孔间的电压

图 1　系统输出：EV 卡丁车后退

图 2　触发事件：SW$_2$ 开通

图 3　系统执行的动作：电机反转

图 4　样例程序中的 3 个状态及其状态转移图

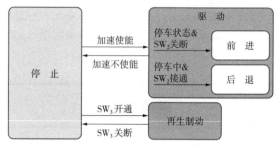

图 5　在样例程序中增加新的"后退"状态

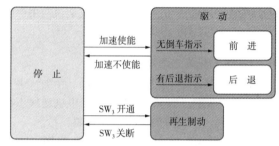

图 6　不直接取 SW$_2$ 的状态，而是将"后退指示"作为判断转移的条件

之后，接下来就要考虑什么时候需要执行这一动作。

微处理器中烧录的原始样例程序定义了"停止""驱动（前进）""再生制动"三种状态，并将加速电位器的位置与开关 SW$_3$ 的状态作为判断状态转移的两个条件（图 4）。

现在，再增加一个"驱动（后退）"的状态。这里可以把后退状态与前进状态一样视为驱动状态的一种，只是行进方向不同而已。

● 状态转移的条件

确定了新的"后退"状态后，需要考虑新的状态转移条件。这里不仅要考虑转移的触发条件，还要考量故障时的安全性。

① 接通开关 SW$_2$，转移至"后退"状态

② "前进"状态时，即使接通开关 SW$_2$，也不会直接转向"后退"状态

③ "后退"状态时，即使关断开关 SW$_2$，也不会直接转向"前进"状态

④ "前进"与"后退"之间的转移，仅在"停止"状态时有效

⑤ 只有当加速电位器使能时，"前进"或"后退"才有效

⑥ 只有当加速电位器不使能时，"停止"或"再生制动"才有效

这里为什么要设置条件②和③呢？因为让 EV 卡丁车在前进或后退过程中突然将电机变为反转，不仅会产生过电流，损坏场效应管（MOSFET），单纯考虑行驶状态也是很危险的。

因此行驶中不允许由"前进"状态直接转移至"后退"状态（反之亦然），这一考虑是完全必要的（图 5）。

● 引入事件和标志

但是，只用上述条件①～⑥进行状态转移控制就完全满足要求了吗？实际上这些条件还不够充分，因为在这些条件的控制下，我们只能从停车状态驱动 EV 卡丁车。例如：

前进状态→加速不使能→前进状态

这个转移动作，用之前的定义是做不到的。因此，想要只通过状态转移来解决这个问题，会把各个状态和它们之间的转移条件变得很复杂。

我们把多个复杂的转移条件复合成一个信号，使得状态间的转移条件变得很简明（图 6）。复合而成的转移信号内部的各个子条件，我们用别的功能模块区分处理。也就是说，把"SW$_2$ 开通"作为一个"事件"，并且实现与这个事件相应的"输出后退指示"的功能（图 7）。这样做会使停车状态的判断变得非常重要，所以设置一个表示这个状态的"停车标志"

图 7  把"输出后退指示"作为一个独立功能实现

图 8  基于 SW₂ 的状态和"停车标志"两者判断前进与后退

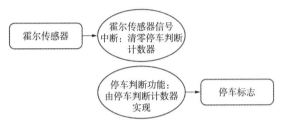

图 9  通过霍尔传感器生成停车标志

图 10  选择样例程序的源代码文件 EduKit-Sample.prw

图 11  改变可执行文件的生成位置

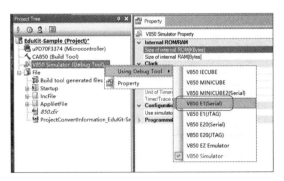

图 12  选择调试工具"V850E1(Serial)"

是有意义的（图 8）。

卡丁车的电机和驱动轮是没有经由离合器，直接通过链条相连的，因此借由电机的旋转状态就可以判断当前是否处于停车状态。也就是说，可以用霍尔传感器检测电机转子的转动情况，如果传感器输出的脉冲信号保持不变，就判断当前处于停车状态（图 9）。为简单起见，这里我们规定，如果霍尔传感器持续 1s 没有输出脉冲信号，即判断为停车状态。

## 软件的实际改造

### ● 综合开发环境的设置

在开始编程前，首先要设置好综合开发环境 CS+。把套件附带的样例程序复制到计算机上并解压。如果文件具有只读属性，取消这一属性。

启动 CS+，选择"Project"菜单下的"Open Project"选项，更改所需文件类型为"PM+ work space file"，然后打开 EduKit-Sample.prw 文件，开始我们对这个程序的改造（图 10）。

这里，我们想要改变可执行文件的生成位置，依次找到"Project Tree"一栏中的"CA850(Build Tool)"→"Common Options"→"Output folder for hex file"，将这里的值设为"out"文件夹（图 11）。

同时，这里要使用调试工具 E1。右键点击"V850

Simulator (Debug Tool)"，依次选择"Used Debug Tool"→"V850 E1 (Serial)"（图 12）。

选择调试工具里的"Connect Settings"，设置主时钟频率。将"Main clock frequency"设为 8.00MHz，"Main clock multiply rate"设为 4 倍（图 13）。

为了方便片上调试，打开"Debug Tool Settings"页面，依次找到"Access Memory While Running"→"Access by stopping execution"，选择"Yes"（图 14）。

做到这里之后，我们可以先生成一次可执行文件，看编译过程中是否出错。选择"Build"菜单中的"Build Project"，或者使用快捷键 F7 生成项目的可执行文件（图 15）。

如果顺利完成，没有报错，且设置的输出文件夹"out"中也正确出现了当前时间创建的 KitSample.hex 文件，则说明环境设置成功了。

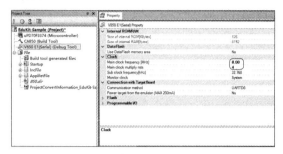

图 13 调试工具中的时钟设置

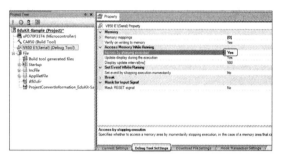

图 14 运行时的访存设置

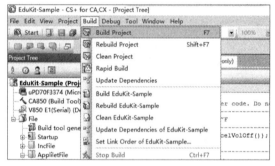

图 15 生成可执行文件

● 后退功能的实际编程

现在终于可以实现后退功能了，通过编程来实现图 7 所示的状态转移。套件附带的样例程序中，sample-src 文件夹里有一个 motor_user.c 文件。这个文件中的 setDriveDuty 函数实现了所有的状态转移判断，并负责调用驱动输出函数 setFETDrivePattern。这里我们选择在 setFETDrivePattern 函数的内部增加用于判断前进与后退的条件（程序 1）。

通电模式是由 HIGHSIDE_PATTERN_TBL，LOWSIDE_PATTERN_TBL 声明的。实际上，源代码中已经实现了电机反转（CCW：Counter Clock Wise）的通电模式和 LED 亮灯模式。但是这些部分被"/*…*/"注释掉了。也就是说，去掉注释符就能使用这部分代码。然而，这两个变量的名称和正转部分的代码

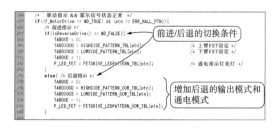

程序 1 加入前进 / 后退的切换条件，增加后退模式和通电模式

程序 2 去掉通电模式和 LED 亮灯模式的注释，重命名常量

使用的一模一样，去掉注释后会产生冲突，因此要为它们改两个专门对应于后退模式的易理解的名字。这里把 HIGHSIDE_PATTERN_TBL 改名为 HIGHSIDE_PATTERN_CCW_TBL，把 LOWSIDE_PATTERN_TBL 改名为 LOWSIDE_PATTERN_CCW_TBL。

用来指示 LED 通电的变量也同样改名为 FETDRIVE_LEDPATTERN_CCW_TBL（程序 2）。

程序 1 中使用了改名后的变量，补充了后退的输出模式。

● "后退指示"功能的实现

接下来，编程实现图 5 和图 7 所示的状态转移图。这里只有在停车状态下才读取 $SW_2$ 的状态并更新后退指示。在非停车状态下，只会返回与上个周期相同的后退指示。在 motor_user.c 文件的最后加入这段代码（程序 3）。

● "停车判断"功能的编程

接下来，参考图 8 来实现停车状态的判断。在主循环中利用周期加法计数进行计时，每隔 1s 判断一次停车状态，并相应地修改停车标志（程序 4）。

这里的停车判断函数放在主循环中，每隔 2ms 执行一次（程序 5）。之前提到的"每隔 1s"等常数将在后文的程序 8 中设定。

计数器会在由霍尔传感器产生的中断处理函数中清零，因此在电机转动时，计数器不会到达设定值（程序 6）。

停车判断计数器清零函数会被 timer_user.c 中的 MD_INTTAB1CC1 函数、MD_INTTAB1CC2 函数、MD_INTTAB1CC3 函数调用（程序 7）。

```
368  BOOL isReverseDrive(void)
369  {
371      /* 停车状态下读取 SW2 的状态 */
372      if(f_VehicleStop == MD_TRUE){
373          f_ReverseDrive = getSw2Stat();
374      }
376      return(f_ReverseDrive);
377  }
```

程序 3　只在停车状态更新 SW₂ 的状态

```
386  void CheckVehicleStop(void)
387  {
388      wuVehicleStopCnt ++;                        /* 计数 */
390      /* 经过一定时间 */
391      if(wuVehicleStopCnt > VEHICLE_STOP_TIME){
392          f_VehicleStop = MD_TRUE;                /* 判断停车状态 */
393      }
394  }
```

程序 4　一定时间内霍尔传感器无信号即判定为停车

```
      /* ----------------------- */
      /* 主循环 */
      /* ----------------------- */
      while (1) {
          /* --- 周期性处理 --- */
          if(f_Cyc)
          {
              f_Cyc = MD_FALSE;
              ADC_AccelVol();         /* 加速信号 AD 转换 */
              calcDriveDuty();        /* 计算驱动占空比 */
              switchStatFilter();     /* 开关输入判断 */
              setDriveDuty();         /* 驱动占空比设定 */
              CheckVehicleStop();     /* 停车判断 */
          }
      }
```

程序 5　在主循环中加入停车判断函数

```
402  void ClearVehicleStopCounter(void)
403  {
404      wuVehicleStopCnt = 0;                       /* 计数器清零 */
405      f_VehicleStop = MD_FALSE;                   /* 车速 */
406  }
```

程序 6　停车判断计数器的清零函数

```
70  __interrupt void MD_INTTAB1CC1(void)
71  {
72      /* Start user code. Do not edit comment generated here */
73      /* U 相输入捕获中断 */
74      setFETDrivePattern();           /* 驱动模式设定 */
75      ClearVehicleStopCounter();      /* 停车判断计数器清零 */
76      P_LED_SENS_U = P_HALLSENS_U;    /* U 相传感器 LED 亮灯 / 灭灯 */
77      /* End user code. Do not edit comment generated here */
```

程序 7　在霍尔传感器信号中断内清零停车判断计数器

这里用到的变量、常量都声明在 motor_user.c 的全局区域中（程序 8）。

最后，对新增的函数进行原型声明。isReverseDrive 函数声明在 motor_user.c 的全局区域中（程序 9），CheckVehicleStop 和 CheckVehicleStop 函数则声明在 motor.h 中。

后退功能所需的软件修改到这里就基本完成了。

### ● 可执行文件的生成

将修改后的代码保存并生成可执行文件。出现错误时，根据错误信息提示进行修改。

在 CS+ 中选择"Build"菜单中的"Build Project"，或者直接按快捷键 F7，生成可执行文件。

### ● 程序的烧录

接下来我们就要把生成的文件烧录到电机控制板中。断开控制板电源之后，通过 E1 仿真器将它连

```
301  const unsigned int VEHICLE_STOP_TIME = 500;        /* 停车判断时间（1s） */
302  /* --- 变量 --- */
303  static unsigned short wuDriveDuty = 0;             /* 驱动 PWM 值 */
304  static unsigned char f_MotorDrive = MD_FALSE;      /* 驱动指示标志 */
305  static unsigned char f_ReverseDrive = MD_FALSE;    /* 后退指示标志 */
306  static unsigned char f_VehicleStop = MD_FALSE;     /* 停车判断标志 */
307  static unsigned int wuVehicleStopCnt = 0;          /* 停车判断计数器 */
```

程序 8　变量和常量的声明

```
109  /* --- 函数原型 --- */
110  void setFETStopPattern(void);
111  BOOL isReverseDrive(void);
```

程序 9　在 motor_user.c 的全局区域中声明 isReverseDrive 的函数原型

（同样，CheckVehicleStop 函数和 CheckVehicleStop 函数声明在 motor.h 中）

图 16　选择"Create new workspace"

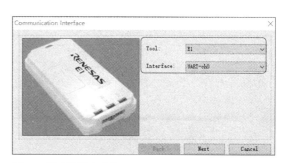

图 17　设定通信方式为 E1

接到 PC。

启动闪存写入工具 Renesas Flash Programmer，按照设置向导进行设置（图 16）。

选择微处理器中的"V850"大类，在过滤 / 搜索栏输入"3374"就能缩小选择范围，然后选中套件中所用的目标处理器，指定工作区名称、项目名称、工作区的访问路径（图 17~ 图 20）。

按下"Browse"按钮，选择之前生成的 KitSample.hex 文件。按下"Start"按钮开始烧录，如果正常结束，即可认为烧录完成（图 21）。

断开控制板与 E1 的连接。

# 动作确认

接下来，终于可以在实际系统上验证动作是否正确了。不过建议不要一开始就进行载人实验。首先倒置车体，使驱动轮向上，在凌空状态下运转并确认动作。做这个测试时，为了使车轮转动而不带动车体一起晃动，请牢牢固定住车体。

如何？反转功能实现了吗？

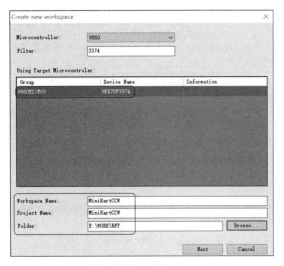

图 18　选择目标微处理器和工作区

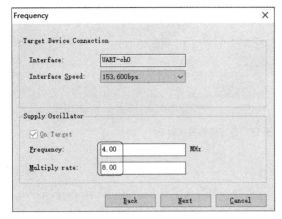

图 19　时钟的设定（8MHz，4 倍频）

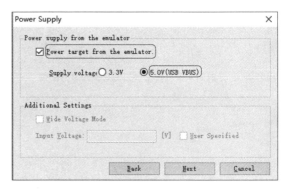

图 20　由仿真器提供 5V 电源的设定

图 21　将生成的 HEX 文件烧录至控制板

**笔者介绍**　　　　　　　　　　　　**北泽纯也**

MITSUBA 株式会社 SCR[+] 项目

神奈川大学经营学部毕业。2006 年入职 MITSUBA 株式会社。开发过残疾人辅助器具，现在负责开发太阳能车和节能行驶比赛用电机的控制程序。爱好是在自家院子里种菜，正在构思在院子里搭建一个由传感网络组成的自动灌溉系统。

# 电机转矩测量仪的制作

## ——成本1万日元，对额定输出功率100W级 电机的测量精确度达到99%

### 〔日〕内山英和　执笔｜罗力铭　译

测试电机性能的测量仪，给很多人的感觉就是价格昂贵。其实，非接触式转速测量仪的价格现在很便宜，也很容易买到。转矩测量仪正好相反，价格很贵，也不容易买到。本文从转矩测量的定义出发，总结了简易转矩测量仪的制作方法。这个简易转矩测量仪，虽然是在厨房电子秤的基础上制作而成的，但是其测量精确度毫不逊色于转矩测试专用设备，精确度甚至可以达到99%。用它来测量额定输出功率小于100W的电机，完全没有问题。

（编者按）

## 引　言

根据自己的设计，利用"CQ无刷电机和逆变器套件"自己绕线和组装一台独一无二的电机，或者成功改造了一台旧电机。这时候，你难道不想去测试一下它的性能吗？测试电机性能的项目有很多，特别是不能定量地把握电机的转速和转矩时，我们

照片1　自制转矩测量仪全貌

也无法绘制电机的 $T\text{--}N$（转矩－转速）特性图。虽然转速测量仪比较便宜，也容易买到，但转矩测量仪却是既昂贵，又难买到。

因此，笔者尝试着制作了一台转矩测量仪（照片1）。虽然不能一键打印出电机特性图，但是通过制作能进一步理解转矩测量原理，而且自制的这台转矩测量仪还有很高的测量精确度，在此与大家分享。

## 如何测试电机特性

● **包括转矩在内，总共要测量4个项目**

在测试电机性能时，包括转矩在内，至少要测量4个项目。

· 电压
· 电流
· 转数
· 转矩

接下来，我们来看看这些测量的概况。

● **测量电压**

这里提到的电压，是指控制器的输入电压。电机（控制器）的电源为稳压电源（即使负荷增大，电压也不会下降）这是最理想的状态。当然，也可以用电池来代替。

测量电压的点不在电源端子处，应尽可能靠近控制器的输入端。这是因为，稳压电源或电池连接控制器的电源线会引起电压下降。电源线是有电阻（导线电阻）的。通电后电阻导致电压下降，因此，控制器端的电压会略低于电源电压。虽然差异很小，但为了尽可能获得最正确的性能数据，我们最好选择在控制器的输入端测量电压。测量结果的单位为

伏特（V）。

电压测量可以使用电压表、测试仪或万用表。

### ● 测量电流

测量流入控制器的电流（又称电源电流、负荷电流），而不是电机电流（相电流：交流）。负荷电流会随着电机的负荷增减而变化。我们通过不断调整电机负载，来测量此处的电流。测量结果的单位是安培（A）。

也可以使用电流表、测试仪或万用表测量电流，但是要注意不能与电压表混用，必须单独准备。

### ● 测量转速

测量电机的转速，对一般人来说会有些难。最近，也可以网购到非接触式高精确度转速测量仪（搜索"转速测量仪"即可，比较便宜）。

将反射贴纸贴到旋转的转子处，感应器读取贴纸反射激光，最终将读取次数换算成转速并显示出来。现在的转速测量仪，大都利用了这个原理，而且使用也非常方便。转速测量直接使用市售测量仪就可以了。测量结果的单位是转/分钟（r/min）。照片2就是测试时的场景。

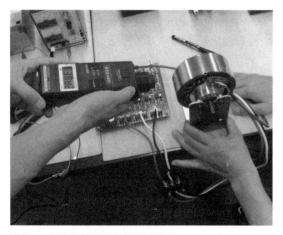

照片2　用市售转速测量仪进行测试（3882r/min）

### ● 测量转矩

转矩的测量是最麻烦的。在前文中，我们了解了转矩就是旋转的力矩，如图1所示。这是很容易测得的。这里先介绍，转矩测量仪的特征。

如照片3所示，将电机输出轴夹在木制测量夹臂中，并使用螺栓进行固定，从而使电机输出轴和测量夹臂之间产生摩擦。

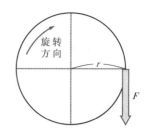

图1　转矩的定义

照片3　安装了测量臂的电机轴

### ● 利用摩擦测量转矩的原理

转矩是什么？教科书上说，转矩 $T$ 是旋转物体圆周切线方向上的力 $F$ 与中心到切线的距离 $r$ 的乘积（$T = F \times r$），单位是 kgf·cm 或 N·m。然而，"旋转物体圆周切线方向上的力"也许并不那么好理解。以电机为例，我们来看看电机在堵转状态下的情形，也许能比较容易理解这一说法。

电机是在旋转过程中做功的机器。因此，我们必须在电机旋转状态下进行转矩测量。而笔者制作的这个简易转矩测量仪就利用了摩擦。

将旋转物体固定住，然后利用摩擦产生力 $F$。这里的做功被摩擦产生的热消耗掉了。

想想自行车、摩托车和汽车的刹车，也许能帮助我们理解。刹车便是通过制动卡钳对旋转体（轮圈、制动鼓、制动盘）进行制动的。

卡钳从两侧挤压转动的轮圈或者盘状片物体（照片4）。转动中（刹车时），卡钳承受摩擦产生的力。在刹车中，卡钳是固定的。而在本测量仪中，使用电子秤来测量卡钳受到的力。电子秤使用的是市售的数显厨房电子秤。

摩擦产生的力（转矩）就是电机的转矩。

照片4　制动卡钳（以自行车为例）

照片5　摩擦轮

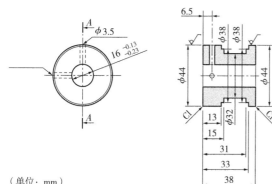

（单位：mm）

图2　摩擦轮的尺寸图

● **摩擦轮的例子**

读到这里，你也许会发现，本次制作的转矩测量仪的重点不是厨房电子秤，而是产生摩擦的部分——摩擦轮。而且，摩擦轮的制作有很多可以自由发挥的空间。

作为参考，此处展示一下笔者制作的摩擦轮（图2，照片5）。

● **摩擦轮的制作**

按照图2所示的尺寸进行切削加工。然后，将两个孔加工成M4螺纹孔。最后，拧上紧固螺丝。另外，如图3所示，如果需要在摩擦轮和电机轴之间放置隔热垫，就要在隔热垫上的螺纹孔对应位置打孔。用2个木制夹臂夹住摩擦轮，再分别用长螺栓和蝶形螺母固定，就变成我们想要的结构了。

整体结构如图3所示。

用紧固螺丝将铝制摩擦轮固定到电机轴上，使其与轴一同转动。电机的旋转部分被2个木制夹臂夹着，就会产生摩擦阻力。如果夹得太紧，以至电机轴无法转动，就会烧坏电机。因此，在紧固木质夹臂的时候，只需要让电机轴的转动速度变慢一点即可。简而言之，这里的摩擦阻力对电机而言就是"负载"。而蝶形螺母越紧，负载就越大（摩擦就越大）。

木制夹臂的一端放在电子秤上，随着负载大小的变化，电子秤的显示值也会改变，也就是"重量"会发生变化。

这个"重量"（力）乘以木制夹臂的长度（电

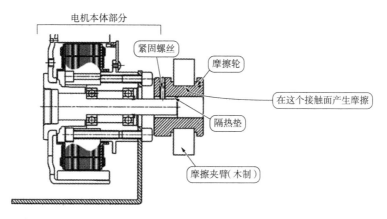

图3　摩擦轮的结构

机轴心到电子秤连接点的距离），就是电机的转矩。

转矩的大小会根据蝶形螺母的紧固程度发生变化。改变转矩大小的同时，测量电机转速，结合这些测量值就可以绘制出电机的特性图（$T$–$N$特性图）。

● 产生摩擦是关键

可能你已经注意到了，对这个测量仪而言，电机的负载就是铝制摩擦轮和木制夹臂之间的摩擦力。

也就是说，负载（电机功率）全都通过摩擦产生的热量消耗掉了。

由于摩擦夹臂是木制的，如果测量时的摩擦太严重，就会有很多烟冒出来。因此，注意不要烧伤或引起火灾。

当然，如果是对功率为 100 ~ 200W 的电机进行测量，这是没有问题的。

● 对摩擦产生的热量，必须采取必要措施

更棘手的是摩擦产生的热量会传递到电机轴，甚至是转子和铁心。电机受到外部热量的影响，其

性能会变差（磁力变弱）。因此，测量时的动作要尽量快。也可以一边用风扇给电机降温，一边进行测量。

为了不让摩擦产生的热量传递到电机内部，笔者在铝制摩擦轮和电机轴之间安装了一个管状隔热垫（树脂材质）（照片 6）。

为了有效隔热，还可以将电机轴和测量部分的摩擦轮通过挠性联轴器连接到一起，形成另外的测量轴。

产生摩擦的部分，除了使用木材，也可以考虑使用与闸片相同的材质来制作。

● 关于电子秤

最初是用弹簧秤来测量的，它的测量精确度也很高（照片 7）。将弹簧秤换成电子秤之后，使用会变得更方便。笔者一开始使用的电子秤的最小单位是 0.5g，其实还是 0.1g 的比较好。也就是说，常用的厨房电子秤就足够了。而且它的价格非常便宜，

照片 6　在电机轴和摩擦轮之间放入隔热垫

照片 7　使用弹簧秤的第 1 代转矩测量仪

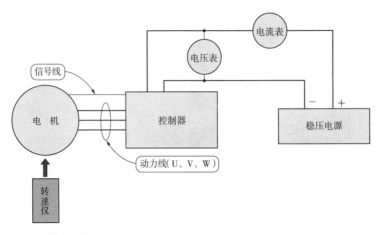

图 4　测量电路图

精准度很高,尤其是方便读数。顺便提一下,笔者使用的电子秤是网购的百利达牌电子秤。

# 测量电路

测量电路如图4所示,内容很简单,一看就明白。

## ● 记录3个测量值

接下来介绍具体的测量方法。

如前所述,测量时要记录3个值。

· 转速(r/min)

· 转矩(kgf·cm)

· 电流(A)

我们把电压调整为恒定状态,如果测量时电机的电源为电池,负载电流会引起电压的变化。因此,也需要同时记录下电压的数值。

假设我们使用的是稳压电源,电压恒定。另外,要注意的是,正如前面提到的那样,测量电压的位置最好选在控制器的电源输入端,使用测量仪进行测量。

需要的测量器具都备齐之后,就可以开始实验了。照片8就是实际进行测量时的场景,照片中使用的是非接触式数显转速测量仪。

## ● 测量步骤

① 将电源电压设为固定值,如24V。此时,就算电机处于转动前的静止状态,电子秤也会显示数值。这个数值其实是测量夹臂的质量。首先,归零电子秤的显示(显示"0g")。

② 将转速调至最大,摩擦夹臂会产生一定程度的摩擦阻力,电子秤的显示值会随之增加。记录此时的电流值、转速、电子秤显示值。

③ 稍微拧紧摩擦夹臂上的蝶形螺栓,加大摩擦阻力,电子秤的显示值也会变大。另外,由于负载加大,电源电压下降,为了保持电压的稳定,随时对电压进行调节。电压调节完成后,跟前面一样,记录电流值、转速、电子秤显示值。

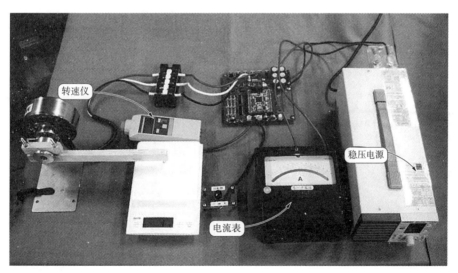

照片8　测量工具

表1　实验数据实例(使用"CQ无刷电机和逆变器套件"的实验)

| 24V,$\phi$1.0,20匝,6串 | 测量结果 | | | | | | | | | | | |
|---|---|---|---|---|---|---|---|---|---|---|---|---|
| 电流值 $I$/A | 0.22 | 0.5 | 1 | 2 | 3 | 4 | 5 | 6 | 7 | 8 | 9 | 10 |
| 转速 $N$/(r/min) | 960 | 945 | 928 | 886 | 851 | 818 | 780 | 749 | 717 | 690 | 656 | 624 |
| 质量 $T'$/g | 0 | 30 | 75 | 185 | 280 | 390 | 500 | 610 | 720 | 830 | 955 | 1060 |
| 转矩 $T$/(kgf·cm) | 0.00 | 0.75 | 2.10 | 4.80 | 7.40 | 10.00 | 12.70 | 15.35 | 18.00 | 20.75 | 23.88 | 26.50 |
| 输出 $P$/W | 0.0 | 7.3 | 20.0 | 43.6 | 64.6 | 83.9 | 101.6 | 118.0 | 132.4 | 146.9 | 160.7 | 169.7 |
| 效率 $\eta$/% | 0.0 | 60.6 | 83.3 | 90.9 | 89.8 | 87.4 | 84.7 | 81.9 | 78.8 | 76.5 | 74.4 | 70.7 |

④ 反复实验，多次测量，直至将电流调至 10A。

作为参考，表 1 列出了笔者实验时的实际测量数据。要注意的是，转矩为 0 时的电流值和转数为电机空载状态时的数值。

### ● 转矩、输出功率、效率的计算

表 1 中不仅有测量数据，还记载了由测量数据计算出的相关数值。

#### （1）转矩值

转矩值是通过转矩的定义公式，由电子秤的显示值与摩擦夹臂的臂长计算出来的。

$$转矩（kgf \cdot cm）= 质量（kg）\times 重力系数[①]（1kgf/kg）\times 臂长（cm）$$

电子秤显示值的单位是克（g），这里要换算成千克（kg）。笔者制作的转矩测量仪中，摩擦夹臂的臂长为 25cm。

#### （2）输出功率

根据转速 $N$（r/min）和转矩 $T$（kgf·cm），可以计算出当时的输出功率 $P$（W）。

$$P = 2 \times 3.14 \times N \times T / 612$$

#### （3）效　率

电机的输入功率为电源电压和电流的乘积，通

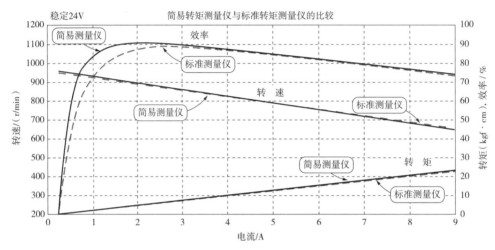

图 5　特性图
黑色实线为本次开发的测量仪的测量数据

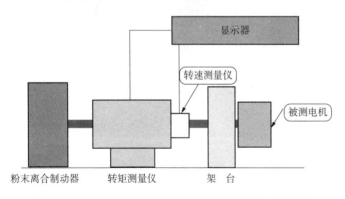

将被测电机用转矩测量仪夹住，再连接到负载——粉末离合制动器。负载根据粉末离合制动器的电流变化而变化。测量时保持电压不变，不断改变负载电流，记录下转速和转矩

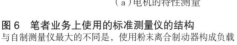

（a）电机的特性测量

（b）粉末离合制动器（摘自三菱电机资料）

图 6　笔者业务上使用的标准测量仪的结构
与自制测量仪最大的不同是，使用粉末离合制动器构成负载

① 重力系数 G=9.8N/kg，1kgf=9.8N。

过输出功率 / 输入功率即可求出电机的效率（乘以 100，用 % 表示）。

● 绘制特性图

收集测量数据，然后绘制出特性图。横轴表示电流 $I$（A），纵轴表示转速 $N$（r/min）、转矩 $T$（kgf·cm）和效率 $\eta$（%）。

虽然，测得的电流范围只是电机电流范围中的极小部分（趋向无负载的一侧），但是从实际使用上来看已经足够了。

超过这个部分的负载范围，除了在短时间内会用到，一般是不用的。如果要表示整体性能，可以将表 1 中的结果向右推移。

将表 1 中的数据绘制成特性图，就得到了图 5。

● 验证测量数据的精确度

为了进行比较，在图 5 中，笔者将业务上使用的标准测量仪（图 6）测得的数据的曲线也一并列出来了。虽说是自制的测量仪，但是，通过其测得的转矩值的精确度近 99.5%。只是效率值在低电流状态时有些差异。

怎么样？如此高精确度的测量结果让你意外吧。通过对比可知，特别是在电机实际运用的特性范围中，自制电机转矩测量仪的精确度完全够用。误差较大的是接近无负载的轻负载状态。这应该是受到了电子秤显示功能的影响。本次测量使用的电子秤的最小显示单位是 0.5g，如果换成最小显示单位为 0.1g 的电子秤，应该能有较大的改善。

在轻负载范围内，由于电子秤显示的数值非常小，容易受到最小显示单位和精确度的影响。

上述步骤是测量电机转矩的基本流程，熟悉之后，将测量步骤颠倒过来进行测量也可以。也就是说，从高负载状态逐渐减小电机负载进行测量也是可以的。实际测量之后就会明白，随着电机负载的加大，（摩擦部分）发热也会慢慢增加。

实验进行一段时间后，热量会积蓄起来，很快就会传递到电机部分。这时候测量高负荷状态，可以缓和电机整体的热量上升。

都掌握了吗？使用这个方法可以精确地测量出功率为 100 ~ 200W 的电机的性能。那么，请尝试一下，自己动手制作看看。

**笔者介绍**　　　　　　　　　　　　　　**内山英和**

*MITSUBA 株式会社 SCR+ 项目*

1981 年，群马大学工学部电子工学科毕业。同年 4 月，加入 MITSUBA 株式会社。

从事两轮赛车用 ACG（发电机）的开发。为节能行驶比赛、太阳能车比赛开发驱动用电机。现在正从事各种赛车用电机的开发工作，专业为自制 EV 开发特殊的 ACG/ 电机。开发出的产品多次用于世界级比赛的冠军队。

两轮车：WGP 赛、铃鹿 8 小时耐久赛、法国勒芒大赛、巴黎—达喀尔拉力赛。

太阳能车：WSG 赛、铃鹿、南非。

兴趣：休闲车（汽车、摩托车、PC 车）和 EV 制作。
星座：巨蟹座。
血型：A 型。

# 向全日本学生方程式EV锦标赛总冠军进发！

## ——旨在推进"用心造物"的技术比赛课题与对策

〔日〕青山义明 执笔 | 秦晓平 译 罗力铭 审

● **迎来开赛13周年的"全日本学生方程式锦标赛"**

每年9月举行的"全日本学生方程式锦标赛"（主办：日本汽车工程师学会①）是由学生们自己构思、设计、制作，以"用心造物"技术为核心的综合实力大比拼（照片1、照片2）。每年的比赛都会吸引来自90多个学校，约1500多位学生（包括外国学生）参加。来自各个学校（大学、高等专科学校、汽车专科学校等）的参赛队带来自己制作的汽车，在5天的时间里，进行各种性能的比拼。参加比赛评判的成年人也达到数百人规模。

遗憾的是，比赛投入的人力、资金、时间如此之多，这项"火热"的活动却鲜为人知。

学生方程式锦标赛，起源于"基于用心造物理念的学生实践教育计划"，和自1981年开始的美国汽车工程师协会每年举办的"SAE方程式锦标赛"。

**照片1 2014年全日本学生方程式EV锦标赛的冠军——静冈理工科大学"SEP14EV"**
2009年开始制作EV，自2013年正式开设EV级比赛，连续2年夺冠。2014年，以"轻便简洁"为主要设计思路的车型"SFP14EV"，获得轻量化奖（EV级）第1名、EV高速避障性能（Auto-Close）第1名。该车整合性好，重视绝缘和防水等安全措施，提高了故障排除的便利性，减少焊接点，采用直接安装减震臂的悬挂系统，尽量减少部件数量，降低了生产难度，提高了可靠性

制作原创方程式赛车，无论是从开发，还是制作成本来看，都不是个小数目，需要汽车制造业相关企业的支持和协助。同样的比赛曾在英国、澳大利亚、德国等16个国家举行。

日本从2003年开始举办该比赛，2015年的第13届比赛于9月1日（星期二）~9月5日（星期六）在静冈县位于挂川市和袋井市之间的综合运动公园（ECOPA）举行。

接下来介绍第12届比赛（2014年9月2日~6日）的相关情况。上一年有96支队伍参加比赛，其中21队来自国外。比赛的赞助企业，包括丰田、日产、本田等在内，总数达到202家。

● **不仅要动手制作，还要考虑它的销售**

比赛形式不是在环形赛道上一起驱车竞赛，而是自制一辆单人方程式赛车，比拼它的行驶性能。在赛场进行的推介（关于年产1000辆规模的商业模式的介绍）、车辆的设计、成本计算等方面的评价都是必不可少的。不仅要评价实际车辆的制作水平和行驶性能，还要从车辆制作的立项方案到车辆性能指标做一系列的评审。

另外，制作的车辆是否符合规定的要求、安全性是否有保证等，经过一系列高精度的技术检测（静态检测）之后，才可以在赛道上参加比赛。所有的检测项目中，只要有一项没有通过，也不允许上赛道上行驶。

这届比赛上，通过相关审核最终可以出场的参赛队伍有86支，通过技术检测的队伍有69支，最后通过动态审查的队伍只剩下59支。

动态审查项目如下：

·加速性能测试（在直线长度为75m的赛道上

---

① Society of Automotive Engineers of Japan，SAEJ。

比拼加速性能）

 ·转弯性能测试（在8字形赛道上比拼转弯性能）

 ·高速避障性能测试（在约800m的特设赛道上进行行驶性能测试）

 ·耐久性测试（在高速避障赛道上行驶约22km，评价车辆的整体性能和可靠性）

 ·能耗（通过耐久性测试评价燃料消耗量）

### ● 学生们按照各自想法制作的赛车

在规则范围内，学生们可以根据自己的想法和创意制作车辆。可能会沿用学长们使用过的技术，并参考以往制作车辆的优缺点。学生们面对各种各样的选择，例如：是否要参考名列前茅的获奖赛车？怎样才能吸引审查员的目光？当然，有时也会感到迷惘。近年来安装空气动力学部件（Aero Parts）的车辆增多，但因行驶审查的赛道不是长距离的直线，汽车的最高速度能否到60km/h？是否有必要安装空气动力学部件？是否有足够的抓地力？这样做是否只有驱动力会得到改善？使用的空气动力学部件的优点和变重的缺点是否通过了验证？也存在种种疑问（照片3、照片4）。

有的参赛队不仅把翼板类部件大型化，甚至采用可变的形式。虽然比赛中弯道行驶多于直道行驶，但是也不能认为降低重心比加装空气动力学部件更有效。

发动机和轮胎的尺寸也有同样的问题，单缸发动机和大直径轮胎似乎成为最近的流行趋势。另外，有的车队使用了令其他赛车相形见绌的MOTEC（德国）的赛车专用电子控制单元（ECU），但是有些车队尚未达到熟练应用的程度。通过这些，虽然可以看到车队使用高技术部件的热情很高，但是……

### ● 比赛初衷并不是比拼行驶技术

参加这个活动的学生主体是二三年级学生。因为一年级学生完全处于见习状态，而四年级学生（也有三年级学生）正在求职，二年级学生初步接触到车辆，到了三年级才可以自己制作车辆。

实际上学生们直接参与车辆制作的时间只有一年，最多两年的时间。即使在开设汽车专业的大学，学生方程式锦标赛的授课时间也只有一年多。

在这一年多的时间里，究竟制作什么样的车呢？就说发动机吧，选单缸的还是4缸的，会显著影响赛车性能。轮胎有10in的，也有13in的。选择不同的轮胎，效果也截然不同。

从零开始设计车辆并制作的过程中，学生们到

**照片2　丰田名古屋汽车技术学院的"TTCN-F EV"**
丰田名古屋汽车技术学院从第6届比赛开始参赛，2014年起参加EV级比赛。他们会事前对试驾比赛上已经暴露的与车辆检测相关问题点予以修正，这样就能在正式比赛中早早地通过车检。但是，在最后的动态审查的制动测试中，后轮没能锁住；在耐久性测试之前出现了系统无法起动的故障，最终在耐久性测试途中，因速度降低（Pace Down），未能完成全部的测试赛程。初次参赛表现尚可，获得综合排名第72位的靠后名次。解决了制动测试的问题后，在加速性能测试和8字路行驶测试中，没能在预定时间内完成，因此决定放弃参加成本审查

底有没有充足的时间来理解基本概念？经过验证的知识和经验能否在前后届学生中共享？

### ● 从两年前起，EV级成为正式比赛项目

以前只有610cc以下的装载4冲程发动机的ICV（Internal Combus Engine Vehicles，内燃机汽车）可以参加比赛。2013年正式设立EV级比赛项目。

EV级的规则是，从电池得到的连续功率不超过85kW，最大标称工作电压为600V（DC）以下（不限制电机数量）。静态审查中的尾气排放检测和噪声检测可以免除，取而代之的是防水试验（向车身浇水2min，再放置2min，然后检测绝缘状况）等EV特有的检测。

全球范围内，在学生方程式锦标赛中对EV投入很大力度的是欧洲。最先设置EV比赛的是意大利。随后，德国、英国、澳大利亚、奥地利等国也相继将EV纳入学生方程式锦标赛的比赛项目当中。自2013年开始，美国和日本也将EV纳入其中。在上一年德国举办的比赛上，参赛车辆中有129台ICV，67台EV。与上年相比，ICV数量有所减少，EV数量大幅度增加。从比赛结果来看，EV取得了综合第1名、第2名、第4名的好名次。因为规则不同，不能简单进行相关比较。EV的加速性能优于ICV，再考虑到其他优点，很多参赛队在企划立项阶段就舍弃了ICV，而选择EV。

但是，如果把目光转向日本，完全不是这样的情形。

**照片 3　为什么空气动力学部件那么受欢迎?**
看到照片也许会感到怪异吧,与正常行驶的参赛车相比,显得有些另类

**照片 4　在会议室举行的陈述审查**
这届学生方程式锦标赛,车辆的性能最受关注。在开始的 2 天进行了静态审查、陈述审查(关于车辆生产销售的陈述 /75 分)、设计审查(设计、制造、维修性和制造性等 /150 分)、成本审查(把车辆制造的全部人力、物力都折算成价格 /100 分)

● **在日本,为何参加 EV 级比赛的赛车没有增加?**

2014 年是设立 EV 级比赛的第 2 年。在全部 96 支参赛队中,参加 EV 级比赛的赛车只有 8 辆(包括 2 支国际队),还不到 10%。其中,正式参赛的为 5 辆,通过车检进入动态审查的只有 2 辆。耐久性测试可以说是动态审查中最主要的项目,竟然没有一辆 EV 完成全部赛程,事实就是这么残酷。

据报道,有 90 支队伍参加 2015 年的比赛,参赛的 EV 为 8 辆(其中 2 辆来自国际队)。

目前,还不能说 EV 是汽车业界的主流和趋势。EV 和混合动力车只占包括公交车、载重汽车在内的全部汽车销量的 20%。但是,作为乘用车的 EV 中,日产聆风、三菱 iMiEV,以及混合动力车丰田普锐斯都已经居于全世界领先地位。日本学生们制作的参赛车,虽然选择不用发动机而使用电机制作的 EV,但在不久的将来,EV 的数量增长和普及是必然趋势。虽然通过实践来学习的机会很重要,但是以此为目标的队伍并没有增加。

笔者观摩了 2014 年的比赛,但并没有形成日本学生开展 EV 制作的热潮将会爆发的预感。

● **2014 年 EV 级比赛**

下面介绍 2014 年的比赛结果。

神奈川工科大学的赛车因为电池问题无法行驶,

在比赛第 3 天放弃比赛返回学校。通过车检的有静冈理工科大学、丰田名古屋汽车技术学院和东北大学 3 支队伍。但是,东北大学的赛车(照片 5)在充电时出现继电器烧坏的故障,实际参加行驶项目的只有 2 辆赛车。

结果以 EV 级首位进入动态审查的静冈理工科大学队综合排名为 44。静冈理工科大学的赛车在耐压试验中花费了不少时间,最后因车体侧面破损,在耐久性比赛中退出(上一年度也没能跑完全程)。比起 ICV,EV 重 100kg 左右,从这一点看,应该是相关的应对策略不够充分。

获得 EV 级比赛第 2 名的是来自中国的哈尔滨工业大学(威海分校),综合排名为 60。以下综合排名分别为:神奈川工科大学,第 68 名;东北大学,第 71 名;丰田名古屋汽车技术学院,第 72 名;泰国朱拉隆功大学(Chulalongkorn University),第 84 名;神奈川大学,第 89 名。

● **从 ICV 到 EV 的方针转变,难度高**

从国外的情况来看,EV 具有较大的优势,但是为什么日本不是这种状况呢?首先说说有技术经验的 ICV 参赛队,想要转变到 EV 需要跨越很高的门槛。实际上,不论是制作 EV 的动力部分,还是制作车体,所需要的技术完全不同。

EV 能否通过车检?性能是否达成目标?由此带来怎样的后续工作?这样的事例可以举出很多。自己没有技术经验,大学中有关电机、电池方面的课程又很少。谁来授课,向谁请教?网络上也几乎没有 EV 的相关信息资料……

● **从学生方程式锦标赛现场看到的 EV 级课题**

在与现场部分参赛队的校方人员的谈话中得知,他们最担心的事情就是"怎样才能获得电机和电池",这确实是一个大问题。也就是说,学校很难得到高档的 EV 部件。学生方程式比赛基本上是由学生提出要求,各企业作为赞助商提供各种器材。作为 ICV,很容易从日本国内的本田、雅马哈、铃木、川

崎等企业获得发动机（主要是摩托车用发动机）。

作为 EV，电机、电池，甚至包括控制器在内的主要部件无从筹措。例如，锂离子电池可以说是 EV 必需部件，日本国内的制造企业也不少，可是，几乎没有参赛队获得日本企业的赞助。

学生向企业提出委托需求，作为企业也许能够给出一些回应。但是，需要企业提供的部件，不是像糖果那样能简单地做出来的。所以，赞助商最后的回复一般都是"请接受这个"。在没有现成产品的情况下，又怎么办？这就是现状。如果企业问道，需要什么样的电机？学生们的回答只有"高转矩、高转速"，再也提不出更多的要求了。没有共同的技术背景，在技术方面当然也很难形成统一的共识。

只有经过学习之后，学生才能提出委托需求，然后深信不疑地等待支持，而没有做推进性的活动，这样车辆的制作就延迟了。最终只好放弃支持，调配少量预算，采用一些比较便宜、粗糙的部件来制作。车辆的质量不好，也不能正常行驶，陷入恶性循环状态的案例也屡见不鲜。

● 对于提供部件的企业，风险大吗？

从接受委托提供支持的企业一方来看，有的学生队设计出非常高电压的车辆，一旦出现问题，那可是大事！抱有这样忧虑而拒绝提供支持的企业不在少数。学生们真的懂得电气的危险性吗（照片6）？这种怀疑态度让企业犹豫不定。

电子系统的控制单元使用了微处理器，关键技术都在软件中。把这些软件的源代码交给学生，这也是个问题。软件是很敏感的，偌大的程序不出现任何漏洞是不可能的，这是现实情况。这不是游戏程序，而是关乎生命的交通工具使用的软件，一旦软件中的漏洞被第三方知道，对企业的打击将是致命的。

无论是性命攸关的重大漏洞，还是微不足道的微小漏洞，出现时只能由一个人来解决，所以会出现源代码不能公开的说法。

和原本在市场中到处可见的发动机不同，目前开发的 EV 控制单元是最容易拆卸的部件，考虑到防止供货后控制单元被拆卸，软件与控制单元相分离。这样虽然可以防止随意拆卸控制单元，但是软件程序是就可以简单地进行拷贝的。实际上，有的公司把控制单元做成"黑匣子"，让其中的内容不可读写。因此，有人认为这是一个好想法。但是还有一种意见认为，这种做法会导致车检中被询问时，学生们回答不出来相关的技术问题；既不能改善功

**照片5　东北大学的方程式赛车"TF-14"**
2012年4月启动项目，第2次参加比赛。2013年首次参加 EV 级比赛。2013年未能通过 EV 车检，没有进入动态审查，最终名次是综合第69名。总结经验教训后，该队重新制作了"TF-14"赛车，车体改型顺利，而电气系统的改进有些棘手，提高车辆震动稳定性的对策实施滞后了2.5个月。故障接连不断地出现，最后车辆只能以疲于应付各种故障的状态进入比赛。而且在车检中，机械性能被判定为不合格，进入比赛时又发生继电器烧坏等电气故障，未能参加最后的比赛

**照片6　EV 级的防水试验**
只有参加 EV 级比赛的车辆才做防水试验。喷水 2min，再放置 2min，然后检测绝缘性能。这项检查包含在车检内容当中

能，也不能追加功能，其结果就是与比赛的宗旨相背离。

虽然这是个难题，但是从日本的"用心造物"精神出发，即使承担再大的风险，也要积极支持学生制作 EV，不正是我们所需要的吗？这就是我的想法。

● 必须增加确认的机会

这项活动并不是召集很多的学生就能开展起来的，也不应该是一个招聘会。在比赛的现场，师生双方可以讨论"用心造物"的真谛、技术的趣味性、团队协作解决问题的奥义。拥有"用心造物"意识的学生是否变多了？如果没有增多，就不应该将这部分任务交给参赛队。主办方必须改变规则，从而促使学生萌生"用心造物"的意识。

如果有可能，应当考虑改善学习环境。本比赛

**照片7 会场内的修理工作间**
实际试制车的制造人员在会场内设置了维修工作间。比赛的第1天，完成校内尚未做完的工作（竟然有第1天就依赖工作间的队伍）。第2天，对车检中发现的问题进行修正和补强。接下来开始行驶，修理损坏的部件，制作增强型部件……每天都圆满完成不同的修理任务。照片记录了正在制作部件的场景

**照片8 排队等待耐久性行驶测试的方程式赛车**

和报告中指出，目前尚未迎来学生方程式比赛的参赛高潮。比赛闭幕后，召开一次大型研讨会，探讨那些影响下一年度车辆制作的问题。要改善早期车体制作中暴露的不足，重新评价制作（照片7）。我认为应当向包括其他学校在内的下一届学生们传达这些理念，创造机会，使后继者做出符合EV概念的正确选择。

● **在日本获得 EV 总冠军的日子到来了吗？**

想到学生方程式，获得 EV 总冠军最需要的就是"对 EV 的理解"。也许汽车技术学院要比大学更先一步热心于参赛吧。为什么这么说呢？因为这类学校更接近市场，面对 EV 的普及情况，切身感受到了 EV 知识的必要性。

上述内容显得有些悲观。笔者在这届比赛现场遇到一个学生，后来又在汽车活动现场与他重逢。这名学生在现场到处走动，眼睛炯炯发光，十分健谈，能感觉到他是一个真正的汽车爱好者。

在这届比赛活动的现场，不仅是这位年轻人，很多被称作"车迷"的学生汽车爱好者都梦想能自制一辆车，这是一个毋庸置疑的事实。正因为如此，主办方若能给予正确的引导，将他们全部集中起来，灌输制作汽车的理念，那一定影响深远。而且，各个大学在一起互相切磋、探讨，一定会促使比赛越办越好（照片8）。

---

**笔者介绍**　　　　　　　　　　　　**青山义明**
*汽车传媒记者*

作为各种汽车杂志的编辑，不知不觉地成了采访和报道汽车专业比赛、业余比赛和汽车相关内容的记者。关于 EV，在采访日产聆风的开发时，从聆风的开发主审人那里听到"如果拿吸烟来打比方，我们做的就是，要把我们的汽车从吸烟变成不吸烟，而决不是减少吸烟的数量（即混合动力车），一定要禁烟！"这句话深深地打动了我，使我热衷于对纯电动车的采访和报道。目前，EV 和 EV 比赛成为我采访和报道的中心主题。

---

## 自制 EV 零部件选购指南
### ——以节能行驶 EV 和太阳能车为中心

〔日〕池田信　执笔｜罗力铭　译

　　本想手工打造一台 EV，可是又得面临这些问题:用哪些零部件来组装？怎么选择这些零部件？怎么购买？结果，被这些问题弄得晕头转向，EV 制作陷入僵局。很多人都有过这样的经历。那么，今天我们以节能行驶 EV 赛车为中心，介绍一下制作这样一辆车需要哪些零部件，以及在哪里、以多少价格可以购买到这些零部件。其实，日本有很多为 EV 制作者提供服务和支持的店铺。要全部介绍完这些店铺，文章的篇幅肯定不够用。这些店铺的网址和自制 EV 赛车的相关介绍附在文章的最后，大家可以参考。

（编者按）

## 自制 EV 赛车的基本组成

　　如图 1 所示，我们以自制 EV 赛车为例，节能行驶比赛（Econo Move）和 EV 节能比赛（ECODEN[①]）用车大致有以下 5 个基本组成部分:
- 动力系统
- 驱动系统
- 转向系统
- 制动系统
- 底盘和车身系统

各个系统及其构成要素的开头都标有○、△、×，我们用这些符号来表示购买难度。

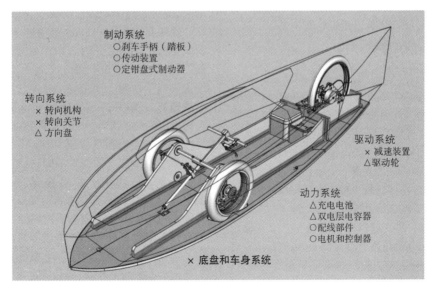

图 1　自制 EV（节能行驶）的基本组成

---

① ECODEN 是一项 EV 节能竞距比赛——用最少的能源行驶最远的距离。其中，ECO 源自 Economy（经济，节能），DEN 源自 Denki（日语中"电气"的读音）。——译者注

表 1　自制 EV 用动力源

| | 动力源的种类 | 购买难度 | 无 BMS[①]参考价格（不含税） | 代表性供应商 |
|---|---|---|---|---|
| 二次电池 | 铅酸蓄电池（Lead–Acid） | 易 | 100 日元 /W·h | Aida–Sangyo<br>Sensing |
| | 镍氢充电电池（Ni–MH） | | 100 日元 /W·h | 秋月电子通商<br>Battery Space |
| | 磷酸铁锂电池（LFP） | | 300 日元 /W·h | Battery Space<br>ECO μShop<br>神户电气自动车 |
| | 锂聚合物电池（LiPo） | | 250 日元 /W·h~ 报价 | AirCraft<br>野村商会 |
| | 锂离子电池（Li–ion） | 难 | 125 日元 /W·h（18650 型）~ 报价 | Battery Space<br>Wings |
| 太阳能电池 | | 易 | 1800 日元 /W·h~ 报价 | ZDP SHOP<br>野村商会 |
| 燃料电池 | | 难 | 400,000 日元 /100W·h~ 报价 | FC–R&D<br>Chemix |
| 双电层电容器 | | 难 | 3 日元 /J | 日本 Chemi–Con<br>极东贸易 |

○：可以使用市售品

△：难买到，或者需要进行二次加工

×：除非使用从其他赛车上拆下的类似品，否则需要制作新品。

接下来，我们来看看各个系统组成部分的零部件购买方法、价格。

# 动力系统部件

## ● 自制 EV 用动力源

可以用于 EV 的动力源（电源），有各种各样的充电电池和太阳能电池、燃料电池。表 1 汇总了自制 EV 用动力源的种类和价格。

## ● "简易"型可充电电池（二次电池）

铅酸蓄电池很容易购买，价格也便宜。比起锂电池之类的电池，它很安全，适合入门级应用。但是，它里面有稀硫酸，为了防止横放电池时稀硫酸流出，应该选用密封铅酸蓄电池。小型自制 EV 最好使用用于 UPS（不间断电源）的密封铅酸蓄电池。西科龙（Cyclon）小型密封铅酸蓄电池有检测功能，是由 2V 电池单元组合而成的。

用于小型 EV 的"镍氢充电电池"，因其输出电流相对较大，电池温度会上升到近 60℃。这有可能导致周围的焊锡脱落。因此，需要使用金属电池座，或者点焊极耳。

美国大阪东亚无线电机是 Keystone 电池座的授权代理商。

另外，制作电池组要用到的点焊机可以在 ECO μShop、Yokodai.JP 购买。在网上搜一搜，你也会找到很多 DIY 电池。

## ● "小心使用"型可充电电池（二次电池）

遥控车上使用的磷酸铁锂电池（LFP），虽然不会起火，但是使用不当有可能引起"爆炸"。因此，必须使用保护回路（PCM）或电池管理系统（BMS）。

表 1 中的 ECO μShop、神户电气自动车、Battery Space(日本分公司经营同名网店）等，在 Ebay 和 Aliexpress 上均有 PCM、BMS 销售。

锂聚合物电池（LiPo）和锂离子电池（Li–ion）的能量密度比刚才提到的 LFP 高出很多，内阻也更低（大电流容易通过），而且电池内部含有可燃液体，使用不当（短路、过充电、过放电）会引发电池起火或爆炸。使用时，应特别注意。它们都属于在日本难以买到的二次电池（不面向普通人销售）。

LiPo 充电电池可以从 AirCraft 等无线遥控车商店、销售太阳能车零部件的野村商会购买。另外，Battery Space、Wings 也销售这类电池。PCM 和 BMS 也可通过 LFP 充电池的购买渠道购得。最新消息称，作为太阳能车强队而被熟知的柏会，正在着手进行太阳能车用 BMS 的开发。对从事机械、汽车相关工作的人来说，这是一个振奋人心的消息。用于笔记本电脑的 18650[②]型 Li–ion 电池的生产量大，

---

① Battery Management System，电池管理系统。——译者注

② 圆柱体形锂电池规格，前 2 位数字表示直径（mm），后 3 位数字表示长度（0.1mm）。18650 表示锂电池直径为 18mm，长度为 65mm。顺便提一下，14500 型为 3 号电池大小，10440 型为 4 号电池大小。

而且性能和性价比都很出色。在 EV 上使用 18650 型 Li-ion 电池也是一个可行的选择。

● 太阳能电池

太阳能电池的更新换代很快，价格、性能也千差万别。用于太阳能车的轻薄型太阳能电池模块是将太阳能电池夹在薄膜中的，它也非常适合 EV，而且用起来简单、方便。可以通过 ZDP SHOP 和野村商会购买。野村商会还通过自己的渠道销售美国 Sunpower 公司生产的高光电转化效率太阳能电池。

● 燃料电池

参加节能行驶比赛的 EV，使用的固体高分子燃料电池的输出功率为 50~200W，电压为 12~24V。通过 Chemix、FC-R&D、Space Dvice 可以购买到"贮氢合金瓶""压力调节器"等与该电池配套使用的零部件。

● 双电层电容器

EV 上常用双电层电容器来储存再生制动能量。其内部虽然没有可燃性液体，但是由于能量密度高，内阻比锂电池小得多，使用不当也会直接引发火灾事故。其寿命比锂电池长，但价格很贵。

在日本一般很难买到。日本 Chemi-Con 仅销售 700F 型和 1400F 型产品。同时，其也销售用于自制 EV 的相关产品。作为美国 Maxwell Technologer 公司的代理商，极东贸易销售的商品及销售方式也类似，其所有产品同时也通过 Digikey 网站销售。

● 配线部件

连接电池与电机的线束和连接器，应该具备的功能是将来自电池的能量传输到电机，且尽量不消耗电能。同时，它又用在汽车上，因此必须质量轻、容易整理，且具有高可靠性。

● 电线（线束）

EV 使用的电线，考虑到起动与加速时通过的电流较大，其截面积必须大于 3.5mm²。另外，电线从车内狭小的空间穿过，而且有大电流通过，很容易积聚热量，这就要求电线绝缘层的耐热性也很高。因此，使用耐热聚乙烯绝缘电线（H-PVC）或汽车用低压电线（AV、AVS）。

这样的耐热电线可以通过 TIGER 无线、E-Cable 购买。

● 连接器

汽车配件市场销售的连接器，从电线规格来看，截面积最大为 2.0mm²，容许电流为 20A。不适合用作 EV 的电力线。

EV 的电力线使用的连接器必须符合的要求：电线截面积大于 3.5mm²，容许电流值大于 30A。

满足这一要求的连接器有 Tyco Electronics Japan G.K. 公司生产的 D-500 系列、矢崎总业公司生产的 L 型、美国 Anderson Power Products 公司生产的 PP 系列和 SB 系列。

其中，D-500 系列通过 MonotaRo 销售，PP 系列和 SB 系列通过 ZDP SHOP 销售。

● 电路保护器

小电流电路一般使用空气开关。而用于太阳能车的电路保护部件，由于工作电压较高，需要使用无熔丝断路器 (NFB)。而工作电压较低的参加节能比赛的 EV，应该使用中速型电路保护器（CP）。

这两种产品可以通过 MonotaRo 购买，也可在电气器材商店购买。

● 电机和控制器

参加节能比赛的自制 EV，其电机的额定输出功率为 40~200W。电动自行车配备的电机的额定功率为 250~350W。太阳能车上配备的是额定输出功率为 500~2000W 的电机。一般都是 DC 无刷电机。

（1）节能比赛用电机

事实上，这个级别的电机只能从特殊电装、MITSUBA 两大公司购买，或者选择"CQ 无刷电机和逆变器套件"。这些电机都有配套的控制器。

瑞士 Maxon 公司生产的有刷空心杯电机也具有优越的性能，但是要另外购买控制器。而且，它的常用转速高，减速装置的制作非常麻烦，现在很少使用。如果减速机设置得好，可以同时用数台电机驱动，以较低成本获得高功率。

从价格方面来看，特殊电装公司生产的电机在 5 万 ~9 万日元。MITSUBA 公司生产的电机，价格都超过了 30 万日元，但是该公司生产的某些电机的最大输出功率接近 2000W。

特殊电装公司生产的电机通过 ZDP SHOP 销售，MITSUBA 公司生产的电机通过 MITSUBA CRS+PROJECTER 销售，"CQ 无刷电机和逆变器套件"通过 CQ 出版社的网站销售。

（2）太阳能车用电机

事实上，在日本可以买到的太阳能车用电

机只有 MITSUBA 公司生产的电机。它们是通过 MITSUBA SCR⁺ 项目直销的，虽然样式不同价格会有变化，但一般都在 100 万日元左右。

## ● 电动自行车用电机

电动自行车上使用的电机，对效率的要求不及赛车那么高。如果想买到既便宜又符合性能要求的电机，建议使用非日本产电机。特别是，电动自行车和电动摩托用电机，选择非日本产电机更现实。

也可以通过 Aliexpress、Ebay、Cloud Electric,LLC、ebikes.ca 购买。

但是乘用玩具上使用的廉价有刷电机不耐长时间工作，使用时应注意。笔者曾听说一个极端例子，电机在连续运转了 30min 左右，电刷就被磨掉了。

如果用在电动摩托车上，从其需要的输出功率来看，建议从神户电气自动车公司购买。

# 驱动系统部件

DD 电机是直接安装在车轮上的。除此之外，电机的动力想要传递到车轮，就必须通过链条和齿轮等构成的减速装置。这里，我们以简易链条和链轮(齿轮)构成的驱动系统为例进行讲解。

## ● 驱动轮（轮毂）

首先，要决定好轮胎的直径。节能比赛用车和比赛用太阳能车（照片 1）的轮胎是专用的。除了用途，轮胎的直径应该根据设计和能否安装链轮来决定。

说到轮胎的直径，要注意的是，自行车轮胎的直径一般说的是外径，汽车和摩托车轮胎的直径则一般说的是轮圈直径（即轮胎内径）。

如果需要使用小径车轮，可以考虑用电动轮椅的车轮，但是对机械相关知识的要求较高。

节能比赛用车使用的轮毂可以在平和车轮公司和 ZDP SHOP 购买。如果用于太阳能车，则建议通过柏会、野村商会、GH Factory 购买。而车胎，在搜索引擎中搜索"节能比赛用轮胎""太阳能车用轮胎"就可以了。

电动轮椅的车轮，可以通过 Kakiuchi 或 mosterscooterparts.com 购买。

## ● 链　条

对于输出功率小于 1.5kW 的自制 EV，动力传动链条既可以采用电动自行车的链条，也可以采用

**照片 1　正在行驶的太阳能车**
2014 年 7 月，秋田县大潟村

JIS25 型链条（滚子节距为 25/100in）。输出功率小于 2.5kW 时，使用 JIS25 型链条可以构建更简单的驱动系统。

电动自行车使用的链条，其滚子节距为 1/2 in。链条可以分为内节内宽较大的厚齿型和内节内宽较窄的薄齿型，这里使用的厚齿型链条可以与 JIS410 型链条互换。

## ● 电机侧链轮（驱动轮）

JIS25 型或 410 型（外啮合）链轮可以通过 MonotaRo 购买。如果通过米思米等机械部件供应商或零部件生产商购买，还可以实现链轮键槽定制加工。购买薄齿型链轮，可以咨询 ZDP SHOP。

## ● 车轮侧链轮（从动轮）

JIS25 型号链轮的齿数为 80。片山传动公司的产品，经过二次加工也可以使用。齿数大于 80 的链轮，可以通过 ZDP SHOP 购买。

# 转向系统部件

在选择转向系统部件时，关键是如何决定轮轴与固定轮轴的转向节的构造。如果使用的是从其他车辆上拆下来的旧品，也可以在经过孔加工的金属块或工程塑料块上，安装轮椅用花鼓。

## ● 转向轮

安装了轮轴的轮椅用花鼓，多为 36 孔或 28 孔，也有直径较小的车轮为 20 孔。在这个范围内，将自行车车胎与轮圈组装起来，可以用作转向轮。

关于轮椅用花鼓的购买与组装，可以咨询平和车轮公司、Kakiuchi 或 ZDP SHOP。如果用于节能

比赛（不包含内胎），它的价格为单轮 2 万 ~ 3 万日元。

ZDP SHOP 销售的山地自行车（MTB）用的加了刹车盘的 36 孔、32 孔、20 孔花鼓，在不包含内胎的情况下，价格在 2 万 ~ 3 万日元。

据说，包括 Ene-1 在内的节能比赛要求参赛的 EV 采用前置刹车。如果有足够的预算，推荐选用上面介绍的部件。

对于太阳能车，则可以选用野村商会销售的花鼓和轮轴套件。

## ● 转向节

刚才讲到可以使用从其他车上拆下来的部件（转向节），如果没有这样的条件怎么办呢？即使没有车床等加工机械，只要能在金属块上开孔，转向节的结构不太复杂的话，自己动手加工也可以。而且，最近像 Alumi-Plus 和 K-Works 这样的从事机械加工的公司也逐渐增加了个人业务。

另外，eMahineShop.com 还免费提供 CAD 数据，从画图、报价到下单都很方便。

## ● 转向机构

如果没有可以使用的旧零件，也没有焊机，可以使用高强度厚铝制管材、板材、块状材，两端有攻丝的铁质或不锈钢棒材，关节轴承进行制作。

高强度厚铝制管材和板材可以通过 Togashi Engineering 购买，关节轴承（连杆球）可以通过 MonotaRo 购买。而铝制块状材料，可以通过销售、制作转向节的加工商或米思米等机械部件贸易商来购买。

# 制动系统部件

关于自制 EV 的制动部件选购，车辆总质量（含驾驶员和电池）不超过 120kg 的，一般使用自行车用制动部件就可以了。车辆总质量超过 120kg 的，一般选用摩托车用制动部件。特殊用途除外，一般选用市售制动部件就可以了。

## ● 自行车用制动部件

自行车部件制造商生产的部件一般是面向成车工厂供应的，很少会有多余的部件流通到市场上。因此，我们经常会在自行车商店听到"我们只销售店头陈列部件"这样的话，至现在这仍是一种常态。

自制 EV 上使用的多是宽轮圈。因此，很多

时候都使用 BMX（竞技自行车）和 MTB（山地自行车）用刹车。在日本，可以通过网购平台 Cycle BaseAsahi、Worldcycle 购买，也可以通过 Wiggle、Chain Reaction Cycles、Jenson USA 等国际购物平台购买。

## ● 摩托车用制动部件

摩托车的售后市场庞大，用于同一车型的同一部件也有很多个制造商，很少有在市场上买不到摩托车用刹车的情况。以 Webike 为代表的网购平台也有很多。

不过，在选购时，如果没有"某某车型用，型号为 ×××"这些信息，也会经常找不到自己想要的部件。

出于这些原因的考虑，比赛用太阳能车上一般都使用 Brembo 公司生产的被称为"螃蟹"的通用型定钳盘式制动器。

# 底盘与车身的制作

除非某一车型已经实现电动化，否则底盘和车身一般是没有市售的。

一般来说，底盘都是通过铁制或铝制管材焊接而成的。车身、车罩是汽车制造商以母型车原尺寸制作的标准模具，使用纤维增强复合材料（FRP）成型的。

而手工制作 EV 时，只要在发泡树脂材料上用环氧树脂粘贴玻璃纤维、碳纤维等，仅在车轮等需要安装部件的位置使用金属板材进行加固就可以了。只要有剪刀、切割机等工具，就可以打造出底盘。

另外，使用木芯胶合板材虽然会使整体变得重一些，但是会减少车身的晃动。有的车队也通过使用这种材料制作车辆底盘来提高比赛成绩。在过去，也有用被称为"铝制梯"的组件作为梯形车架使用，或者使用 2×4 板材制作底盘的。

车身可以用塑料瓦楞板或聚丙烯硬质发泡板制作，再加上玻璃纤维、碳纤维及环氧树脂进行强化。

用于车身和底盘的制作材料，可以选购 JFC 销售的硬质 PVC 发泡板、Lab-CAST inc. 销售的聚苯乙烯泡沫塑料板。而碳纤维、玻璃纤维和环氧树脂等材料，可以通过 FRP ZONE 购买。

塑料瓦楞板和聚丙烯硬质发泡板可以在家装店买到，也可通过 Pladan-sheet.com 和 MonotaRo 购买。

# 供应商信息一览表

・Saything

http://www.saything.co.jp/

・东亚无线电机

http://www.eleshack.co.jp/

・ECO μShop

http://e-commuter.com/shop/html/

・Yokodai.JP

http://yokodai.jp/

・神户电气自动车

http://kobeev.ocnk.net/

・Battery Space

http://www.batteryspace.com/

http://www.batteryspace.jp/

・AirCraft

http://www.aircraft-world.com/ja

・野村商会

nomnom13@yahoo.co.jp，Fax：06-6453-0635

・Wings

http://power-wings.com/

・柏　会

http://www.geocities.jp/kashiwakai_solar/

・ZDP SHOP

http://www.zdp.co.jp/

・Chemix

http://www.chemix.co.jp/

・FC-R & D

http://www.nenryoudenchi.co.jp/

・Space-Device

http://www.space-device.com/index.html

・日本 Chemicon

Fax：0238-84-2286

・极东贸易

http://www.kbk.co.jp/ja/products/ultraca pacitor/

・Digikey

http://www.digikey.jp/

・Tiger 无线

http://www.tigermusen.com/

・E-Cable

http://www.e-cable.ne.jp/

・Monotaro

http://ihc.monotaro.com/

・Mitsuba SCR$^+$ 项目

http://www.mitsuba.co.jp/scr

・Cloud Electric,LLC

http://www.cloudelectric.com/

・Ebikes.ca

http://www.ebikes.ca/

・平和车轮

http://www.factory758.com/

・GH Craft

http://www.ghcraft.com/

・Kakiuchi

Tel：06-6765-2515

・Monster Scooter Parts

http://www.monsterscooterparts.com/

・米思米

http://jp.misumi-ec.com/

・片山传动

http://www.kana.co.jp/

・Al-Plus

http://www.al-plus.jp/

・K-WORKS

http://www.kworks-aurora.com/

・eMachineShop

http://www.emachineshop.com/

・Cycle Base Asahi

http://www.cb-asahi.co.jp/

・Worldcycle

http://www.worldcycle.co.jp/

・Cycle Yoshida

http://www.cycle-yoshida.com/

・Wiggle

http://www.wiggle.jp/

・Chain Reaction Cycles

http://www.chainreactioncycles.com/

・Jenson USA

http://www.jensonusa.com/

・Webike

http://www.webike.net/

・JFC

http://www.jfc-inc.jp/

・Lab-CAST inc.

http://lab-cast.com/shop/html/

・FRP ZONE

http://www.frp-zone.com/

・Pladan Sheet. com

http://www.pladan-sheet.com/

# 自制 EV 参加比赛

日本很多地方都有太阳能车、EV 节能比赛等的自制 EV 赛事。由于无法将这些赛事一一列举出来，在我们有限的篇幅里，只介绍其中的几个大型赛事。

## ■ 太阳能车比赛

世界上的首个太阳能车比赛是 1985 年在瑞士举行的 "TourdeSol"。现在也很有名气的穿越澳洲大陆的 "世界太阳能车挑战赛"（World Solar Challenge，WSC），第 1 届举办于 1987 年。当时，日本也派出了 4 支车队参赛。而且赛事还通过电视进行了转播，估计现在很多上了年纪的人还对第 1 届比赛有印象。

1989 年以后，日本也举办了很多太阳能车比赛，如今仍在持续举办的只有 2 个。秋田县大泻村举办的 "世界绿色能源车挑战赛"（World Green Challenge，WGC），是在 30 公里下一代电池汽车专用赛道 "Solar Sports Line" 上进行的。还有一个是在三重县铃鹿赛道举行的 "铃鹿太阳能车比赛"。

### ● 世界绿色能源车挑战赛（WGC）

每年 7 月或 8 月，这一赛事在秋田县八郎泻干拓地有名的大泻村 "Solar Sports Line" 赛道举行。赛道特点是直线距离特别长。而且，"干拓地" 的原意就是平坦之地。

WGC 又分为两部分。第一部分是 "太阳能车竞距赛"，以太阳能车或燃料电池车等为对象，在规定的时间内对安装了太阳能电池板的节能比赛 EV 的行驶圈数进行计数。另一个部分是 "太阳能自行车比赛"，对使用了太阳能电池板和自制能源辅助装置的自行车行驶 100km 所耗费的时间进行计数。它们分别在不同的日期举行。

### ● 铃鹿太阳能车比赛

这一赛事于每年 7 月或 8 月举行。使用的是铃鹿赛车场 F1 赛车国际锦标赛专用赛道（1 圈为 5.807km）。虽然开赛的时间与 WGC 很相近，但是两项赛事是不会存在时间的重叠。赛道本身就很有魅力，其高低差有 52m，因此必须采取对应措施。

## ■ EV 节能行驶比赛

被称为 "节能行驶"（Eco-Run）的以 EV 为对象的竞距赛，自 1995 年开始分别有 3 项赛事，它们分别是 "World Econo Move"（WEM）、"E.V. Ecorun in SUGO"、"Ecoden Race"。

### ● World Econo Move（WEM）

WEM 于每年 5 月 3 日 ~5 日在秋田 "Solar Sports Line" 中的 6 公里环形赛道举行。比赛要求参赛车辆使用 12V/3A·h 铅酸蓄电池，根据 2h 内车辆的行驶距离来决定成绩。负责行驶距离测量和成绩统计的是志愿者。

2014 年，以 CQ EV 卡丁车为对象，限时 30min 的单一品牌赛事开始举办。2015 年，这一赛事作为 "Econo Move" 的轻量级，参赛规则也进行改变：参赛车俩不限于 CQ EV 卡丁车，比赛时间也变成了 1h。它变成了一个更重视能源管理的赛事。

### ● World Electric Vehicle Challenge in SUGO

在宫城县 "Sports Land SUGO"（菅生赛道）举行的 "E.V.Ecorun in SUGO"，赛道 1 圈的长度为 3737m，高度差为 70m。根据使用 4 个 12V/7.2Ah 铅酸蓄电池的赛车，在 2h 之内环绕赛道的圈数，计算比赛成绩。该赛事也曾在一段时间内称为 "EV 节能行驶比赛"，后来变更为 "World Electric Vehicle Challenge in SUGO"。现在，参加该赛事所用的电池包括锂电池在内，种类繁多，已经是一个很有特色的比赛了。

无论是 WEM，还是参加 "World Electric Vehicle Challenge in SUGO"，排名靠前的赛车时速都超过了 50km。要想取胜，就得在电子电气工程学、机械工程学方面达到非常高的技术水平。

包括这两项赛事在内，在日本各地举行的类似大赛，自 2002 年开始整合为年度积分制系列比赛 "World Econo Move Grand Prix"（WEMGP），冠军奖项也分成了总冠军和青少年组（高中生以下）冠军两项。

### ● ECODEN

在大阪府吹田市世博会纪念公园的特设赛道举行的 ECODEN，其规则也经过了多次修订。现在的比赛规则是，使用 1 个 12V/3A·h 铅酸蓄电池，根据 40min 内环绕赛道的圈数计算比赛成绩。这项赛事在每年 10 月举行。

另外，该项赛事被称为高中生选手的象牙塔级全国性大赛。因此，也有来自冲绳县石垣市的参赛选手。近年以来，也开始接受精英选手参赛。

● 九州 ECODEN RACE

可以作为九州地区代表参加大阪 ECODEN 比赛的高中，主要集中在福冈、熊本、宫崎。在这 3 个县，按照 ECODEN 规则举办的赛事，分为铅酸蓄电池车比赛和镍氢充电电池车比赛，它们都称为"九州 ECODENRACE GP 赛"。赛事主办方的热情也很高。

另外，这项赛事的另一特点是允许成年人参赛。在日本其他地区举行的比赛很少接受成年人参赛。

● Ene-1 GP

2011 年，以 40 节 5 号镍氢充电电池为动力源，在铃鹿赛车场国际赛道（5.807km）行驶 3 周的竞速赛"Ene-1 GP SUZUKA KV-40 全国挑战赛"揭开了帷幕。"铃鹿太阳能车比赛"则在次日举行。以拥有 ECODEN 赛车的日本中京地区以西的学校为中心，来自四国等地区的参赛者也云集于此。大赛会给参赛队伍提供松下 5 号干电池 EVOLTA。2012 年开始，在木栃县茂木町"双环形赛道"举行的"Ene-1GPMOTEGI"也使用相同的电池。现在，该赛事分为行驶 1 圈竞速赛和 90min 持久赛两项。

■ 其他比赛

● Japan EV Festival

日本 EV 俱乐部主办的"Japan EV Festival"，每年 5 月在茨城县千代川村"筑波赛道"举行。这项赛事不称为"比赛"，而称为"挑战赛"，说明与其他竞速、竞距比赛是不同的（也比拼其他方面）。挑战分为以改装 EV 为对象的"改装 EV 1h 行驶距离挑战"和"ERK（小型电动赛车）30min 行驶距离挑战"，二者都以广义上的自制 EV 为参赛对象。

● 全日本学生方程式锦标赛

这项赛事是由日本汽车工程师学会主办的，每年 9 月在静冈县分 5 天进行，比拼方程式赛车在企划、构思、设计、制作各个环节中"用心造物"的综合实力。这是一项大规模赛事，参赛学生数超过 1000，赞助商超过 150 家。该项赛事起源于美国的 Formula SAE，比赛规则也是参照 Formula SAE 制订的。

参赛对象为研究生院、大学、大专院校、高职院校，有时候也允许与大专院校同等级别的专科学校参赛（以比赛开始之日计，毕业时间不超过 7 个月的人士都可以参加）。

起初这项赛事是针对配备发动机的赛车的，2014 年开始正式引入 EV 级。只有通过严格车检的车辆才能获得参赛资格。比赛方式是参赛车辆单独绕赛道行驶，以用时长短计算比赛成绩。这与所有赛车同时起步的比赛方式是不同的。

● JEVRA/CQ EV 卡丁车袖浦赛

日本电动汽车竞赛协会（JEVRA）主办的 EV 比赛（为市售 EV 为对象，每年 6 次），吸收"CQ EV 卡丁车"的单一品牌赛事，于 2015 年 10 月 18 日在千叶县"袖浦森林赛道"举办。赛道周长为 2400m，高低差 12m，根据 30min 内环绕赛道的圈数计算比赛成绩。由于不允许使用车罩等装备，更多的是电子工程技术的比拼。

自制 EV 的目的各种各样，不仅仅是为了参加比赛，有的是为了学习电机的控制技术。也有企业以此作为新员工培训和入职测试。各位朋友，大家也来尝试一下，自己动手制作一辆车，我们一起去参赛吧！

---

**笔者介绍**　　　　　　　　　　　池田信

*DECO/ZDP SHOP 株式会社*

从事过入门级方程式赛车的设计、赛车运动用 CFRP 部件的制造，后来进入 DECO/ZDP SHOP 株式会社从事编辑、写作工作。与此同时，也负责从事太阳能车等自制 EV 用部件销售的 ZDP SHOP 的运营。在汽车制造公司负责太阳能车 CFRP 外装部件制造的时期，对"部件内部究竟是如何构成的"这一问题产生了浓厚的兴趣。曾在户外杂志 Be-Pal 上发表自制太阳能车穿越澳洲比赛参赛连载 Zero to Darwin Project。